ASCHENDORFFS SAMMLUNG
LATEINISCHER UND GRIECHISCHER
KLASSIKER

CICERO
REDEN GEGEN CATILINA

Vollständige Ausgabe
Eingeleitet und kommentiert von
ARMIN MÜLLER

Text

Aschendorff
Verlag

Umschlagbild:

Das *Tullianum* – benannt entweder nach König Tullus Hostilius oder nach König Servius Tullius – ist der unterste Raum des *carcer Mamertinus* am Fuß des Capitolinischen Hügels. Hier warteten die fünf Häupter der Catilinarischen Verschwörung wie auch andere Delinquenten vor und nach ihnen auf ihre Hinrichtung. Das umgekehrte Kreuz erinnert an Petrus, der der Legende nach ebenso wie Paulus im Tullianum dem Märtyrertod entgegensah.

In neuer Rechtschreibung

2., völlig neubearbeitete Auflage

Printed in Germany

ISBN 978-3-402-13444-3

Inhaltsverzeichnis

Vorwort

Die in zweiter, neubearbeiteter Auflage erscheinende Ausgabe von Ciceros vier Catilinarischen Reden bietet eine ausführlichere Einleitung sowie neben dem Verzeichnis der Eigennamen und dem Literaturverzeichnis auch einen Lageplan und eine Zeittafel. Insbesondere werden die einzelnen Reden um Zusatztexte ergänzt, aus denen jeweils die Wirkung der Ausführungen Ciceros hervorgeht.

Der Übersichtlichkeit halber erfolgt die Zählung nur nach Paragraphen und nicht auch nach Kapiteln. Substantive der Mischklasse der dritten Deklination enden in der vorliegenden Ausgabe im Akkusativ Plural stets auf -es statt auf -is. Substantive der o-Deklination mit stammauslautendem -i enden im Genitiv Singular auf -ii statt auf -i.

Textgrundlage ist die Ausgabe von A.C. Clark, M. Tulli Ciceronis Orationes in Catilinam, Oxford, erstmals 1907. Die Interpunktion richtet sich nach den deutschen Regeln, die von den englischen in einigen Punkten abweichen. Weitere Abweichungen:

Clark:	Aschendorff:	
sensistin	sensistine	1, 8
sceleratum	scelerum	1, 24
in ullo	in ullo homine	2, 8
–	ivit	2, 12
idem	iidem	2, 15
defetigatus	defatigatus	2, 21
Cethegus	C. Cethegus	3, 6
idemque	iidemque	3, 20
dissensiones	atque illae dissensiones	3, 25

Armin Müller   Münster, im Dezember 2012

Einleitung

I. Die Quellenlage

Das herausragende Ereignis in Ciceros Konsulat, das er „suo anno", also zum frühest möglichen Zeitpunkt mit 43 Jahren erlangte, war zweifellos die Niederschlagung der Verschwörung des Sergius Catilina (108–62). Die Ungeheuerlichkeit dieses Ereignisses machte es naturgemäß zu einem attraktiven Thema für eine Fülle von klassischen Autoren, deren ältester Cicero (106–43) selbst war.

Mit seinen vier „Catilinarischen Reden" dokumentierte er, wie er als verantwortlicher Konsul im Jahre 63 mit legitimen politischen Mitteln die Verschwörung aufdeckte und niederschlug. Natürlich brauchte die schriftliche und damit endgültige Fassung der Reden noch einige Zeit.

In einem Brief vom 3. Juni 60 konnte Cicero aber seinem Freund Atticus mitteilen, er habe nunmehr die Niederschrift seiner „Vier Reden gegen Catilina" und ebenso die seiner übrigen konsularischen Reden abgeschlossen.[1]

Cicero wird sich schon während der Ereignisse eigene Aufzeichnungen gemacht haben; er wird auch, wie er es mit der entscheidenden Rede Catos d.J. gehalten hat[2], Schreiber beauftragt haben, seine Ausführungen zu notieren. Gleichwohl dürfte die der Nachwelt vorliegende Fassung der Reden nicht immer originalgetreu ausgefallen sein. Denn während Cicero nach seiner Amtszeit die konsularischen Reden niederschrieb, bedrängten ihn seine popularen Gegner hartnäckig mit dem Vorwurf, er hätte die Häupter der Verschwörung nach ihrer Verurteilung durch den Senat noch am selben Tag, also ohne Zustimmung der Volksversammlung und damit wider das Gesetz

[1] Cicero, ad Atticum 2, 1, 3.

[2] Plutarch, Cato d. J. 23, 3; vgl. Anm. 13.

hinrichten lassen. Gegen diese Vorwürfe dürfte sich Cicero besonders auch bei der nachträglichen Niederschrift seiner Reden mit entsprechenden Hervorhebungen und Nuancen zur Wehr gesetzt haben.

Während Cicero seinen Reden gegen Catilina ihre endgültige Fassung in der Überzeugung gab, er habe mit seinen Maßnahmen bei der Niederschlagung des Aufstandes als situationsmächtiger Konsul den Ausschlag gegeben, widerspricht dem der Caesaranhänger Sallust (86–34), der sich etwa zwanzig Jahre nach dem Ereignis als Zweiter mit seiner Monographie *„Catilinae Coniuratio"* dem Thema gewidmet hat. Der Athener Philologe L. Ateius hatte ihm eine kurzgefasste Geschichte Roms ausgearbeitet, aus der er sich, wenn er sich im Alter als Historiker betätigen wolle, seinen Stoff aussuchen könne.[3] Nach eigenem Bekunden wählte Sallust als sein Thema die Verschwörung Catilinas wegen der einmaligen Ruchlosigkeit und Gefährlichkeit des Verbrechens.[4] Dieses Motiv wird sicher zutreffen, aber Sallust hatte offenbar noch mehr im Sinn.

Es ist nämlich nicht zu übersehen, dass Sallust in seiner Darstellung Cicero eher als Randfigur des Geschehens behandelt. Mit dieser Einschätzung bestraft ihn Sallust vielleicht dafür, dass er in seiner postum erschienenen, uns nicht erhaltenen Schrift *„De consiliis suis"* Caesar (100–44) und Crassus (115–53) beschuldigte, sie hätten Catilina bei seiner Bewerbung um das Konsulat für das Jahr 63 unterstützt und schon bei der Verschwörung zu Beginn des Jahres 65 im Hintergrund die Fäden gezogen. Dieses Wissen verdanken wir Q. Asconius Pedianus (9 vor Chr.–76 nach Chr.), der einen Kommentar zu fünf verschiedenen Reden

[3] Sueton, De grammaticis et rhetoribus 10, 6.

[4] Sallust, Catilina 4, 4.

Ciceros verfasst hat;[5] und wenn Cicero und mit ihm Asconius Recht haben, dann hat Sallust vielleicht mit seiner Monographie gezielt auf Ciceros späte Vorwürfe reagiert.

Dabei fällt auf, dass Sallust die Vorwürfe gegen Crassus in der Schwebe lässt und lediglich Caesar reinwäscht. Nicht zuletzt könnte er damit auch einer Dankespflicht nachgekommen sein. Denn Caesar hatte ihn vom Vorwurf der Bestechlichkeit und der Ausplünderung Numidiens entlastet.[6] Wenn, wie vielfach angenommen wird, Sallust tatsächlich Caesar entlasten wollte, dann wäre es äußerst ungeschickt gewesen, sich zu dieser Absicht ausdrücklich zu bekennen; und so ungeschickt wäre Sallust wohl kaum gewesen.

Andererseits lässt Sallust, wenn er sich schon nicht direkt zu Caesars Anwalt erklärt, indirekt durchaus durchblicken, für wessen Seite er sich entschieden hat, und zwar durch die Wahl seiner Gegner, die ausnahmslos auch Caesars Gegner waren. Sallusts Gegner sind die Optimaten beziehungsweise Republikaner, allesamt auch die Gegner Caesars, des bekennenden Popularen; und den Optimaten lastet Sallust die Kollektivschuld an jenen Verhältnissen an, die einer Figur wie Catilina erst die Bühne geboten hätten.

Nun wird ein Angriff gegen ein bestimmtes politisches Lager unvermeidlich vorgetragen als Angriff auf bestimmte Personen, die dieses Lager repräsentieren. Diesen Me-

5 Ausgaben: A. Kiessling und R. Schoell: Q. Asconii Pediani orationum Ciceronis quinque enarratio, Berlin 1875. A. C. Clark: Q. Asconii Pediani orationum Ciceronis quinque enarratio, Oxford 1907. Asconius wird im Folgenden nach beiden Ausgaben zitiert. Der obige Vorwurf Ciceros ist belegt bei Asconius p. 74 (K./Sch.) oder p. 83 (Clark); zudem wird er bei Plutarch (Crassus 13, 3) bestätigt.

6 Cassius Dio 43, 9, 2–3.

chanismus bekamen bei Sallust Sulla und Pompeius zu spüren. Über Sulla, von dem sich Caesar in seinen jungen Jahren nicht verbiegen ließ, wird im folgenden Abschnitt zu reden sein. Pompeius geriet ins Visier des Sallust, als er zwar zunächst Caesar durch das Triumvirat verbunden war, aber später im Bürgerkrieg (49/48) das Oberkommando über die Truppen der Senatspartei beziehungsweise der Optimaten gegen die Legionen Caesars übernahm. Das zahlte Sallust ihm heim, indem er ihm ein passables Aussehen, aber auch einen schamlosen Charakter bescheinigte. Darauf titulierte Lenaeus, Freigelassener des Pompeius und sein glühender Anhänger, Sallust bissig als Sittenstrolch, Wüstling, Windbeutel und Prasser, fand ihn angesichts seiner Biographie und Schriften widerwärtig und nannte ihn einen höchst ungebildeten Plagiator der altertümlich wirkenden Sprache Catos des Älteren.[7] Man sieht an dieser erbitterten Reaktion des Lenaeus, dass über die politischen Frontlinien keinerlei Unklarheit bestand. Je eindeutiger der Gegner definiert ist, umso klarer wird auch, wer der politische Freund ist; und der war für Sallust eben Caesar.

Sallusts Parteinahme für die Popularen dürfte Livius (59 vor Chr.-17 nach Chr.), der sich in seinem Geschichtswerk „*Ab urbe condita*" als Nächster über Catilina zu Wort gemeldet hat, im höchsten Maße missfallen haben. Denn Livius war auch in der Kaiserzeit im Herzen noch Republikaner beziehungsweise Bewunderer der mit der Schlacht bei Philippi 42 endgültig untergegangenen alten *res publica.* Augustus nannte ihn deshalb, ohne ihm das übel zu nehmen, einen Pompeianer.[8]

Unglücklicherweise sind die Passagen nicht erhalten, in denen Livius die Verschwörung aus eigener Feder dar-

[7] Sueton, De grammaticis et rhetoribus 15; Quintilian 8, 3, 29.

[8] Tacitus, Annalen 4, 34.

gestellt hat; aber in den *periochae* (Zusammenfassungen eines Philologen) zu Buch 102 findet sich das Wesentliche: Die Verschwörung, die die Ermordung der Senatoren und Konsuln, den Brand Roms und die Vernichtung des Gemeinwesens zum Ziel gehabt habe, sei durch Ciceros Energie und Tüchtigkeit niedergeworfen worden. Mit diesem Urteil über Ciceros Anteil hat Livius offenbar Sallust ganz entschieden widersprochen.

Zur Frage, ob Caesar und Crassus Unterstützer Catilinas waren, äußert sich die kurze Zusammenfassung allerdings nicht. Das geschieht aber umso eindeutiger bei Sueton, der von 119 bis 121 Kaiser Hadrians Sekretär war und sich als Autor von zwölf Biographien der Caesaren von Iulius Caesar bis Domitian einen Namen gemacht hat. Nach seiner Darstellung nahmen Crassus und Caesar an der Verschwörung zu Beginn des Jahres 65 tatsächlich teil. Die drei Quellen, auf die sich Sueton beruft, stammen allerdings allesamt von entschiedenen Caesargegnern, und zwar sind das die Annalen des Senators Tanusius Geminus, die Ediktsammlung des M. Bibulus, der 59 Caesars ungeliebter Amtskollege war, und die Reden des C. Curio des Älteren.[9] Sueton hat alle drei Dokumente, wenn sie auch auf ausgesprochene Caesargegner zurückgingen, offenbar für glaubwürdig gehalten, zumal sie ja auch schon lange der Öffentlichkeit vorlagen und sich gegebenenfalls deren Kritik ausgesetzt hatten.

Neben römischen Autoren haben sich auch Griechen mit Catilina befasst – die Historiker Appian (2. Jahrhundert nach Chr.) und Cassius Dio (155–239) sowie Plutarch (45–120) im Zuge seiner u. a. Caesar, Cicero und Crassus gewidmeten Parallelbiographien. Als Griechen hatten diese drei Autoren naturgemäß mehr Abstand von dem Geschehen und stützten sich, um nicht parteiisch zu urteilen, offensichtlich auf jede Quelle, die ihnen zugänglich war.

[9] Sueton, Caesar 9.

Appian verweist in seinen *bella civilia* (2, 6) darauf, Caesar sei nicht frei von Verdächtigung gewesen, und beendet seine Ausführungen mit einem großen Lob auf Cicero, der als *pater patriae* Rom gerettet habe.

Cassius Dio legt in seiner „Römischen Geschichte" (37, 29–42) eine Detailkenntnis über die Verschwörung an den Tag, die auf eine exzellente Quelle – wahrscheinlich die einschlägigen, uns nicht erhaltenen Bücher aus dem Geschichtswerk des Livius – schließen lässt. Im Tenor neigt er allerdings eher zur Position Sallusts. Wie dieser benennt er Crassus als Verdächtigen, nicht aber Caesar.[10] Für die über das Schicksal der gefangenen Catilinarier entscheidende Senatssitzung vergibt er ebenso wie Sallust die Hauptrollen an Caesar und Cato d. J (95–46).[11] Ciceros Anteil lässt er gänzlich unerwähnt und stellt ihn generell als wenig situationsmächtig dar, sondern als getrieben von seinen popularen Gegnern. Ein Lob auf Cicero wie das des Livius und Appian sucht man bei Cassius Dio vergebens.

Plutarch stützte sich auf den Historiker Fenestella, von dem wir nur wenig wissen, und darüber hinaus ausdrücklich auf mehrere andere, aber namentlich nicht genannte Autoren.[12] In seiner Cicerobiographie (capp. 10–22) ist er ausführlich auf die Verschwörung eingegangen.

Dagegen behandelte er sie in den Biographien zu Caesar und Crassus mehr als Randthema, nicht ohne allerdings beide Männer als Verdächtige zu nennen.[13] In Plutarchs Bericht über die entscheidende Rede Catos d. J. spricht dieser den Vorwurf aus, Caesar suche unter dem Deckmantel menschenfreundlicher Argumentation

[10] Cassius Dio 37, 35, 1.

[11] Ebd. 37, 36, 1–3.

[12] Plutarch, Crassus (5, 4) und Sulla (28, 7).

[13] Plutarch, Caesar (8, 1) und Crassus (13, 2–3).

den Staat zu zerstören. Plutarch fügt noch hinzu, es heiße, Cicero habe Catos Rede von Stenographen mitschreiben lassen; so sei wenigstens diese als einzige Rede Catos erhalten.[14]

In seiner Darstellung der Verschwörung[15] hält sich Plutarch an das unbestreitbar Feststehende. Sallust stimmt er in dem Punkt zu, dass sich Cicero in der entscheidenden Senatssitzung zurückgehalten habe[16], unterstreicht aber, dass er nach der Senatsentscheidung entschlossen gehandelt habe, als er die Catilinarier unverzüglich hinrichten ließ.[17]

Dafür sei er vom Volk als Retter gefeiert worden.[18] Insbesondere schreibt der Platonfreund Plutarch dem Platonfreund Cicero gut, er habe den Nachweis erbracht, dass gute Rhetorik der Sache der Gerechtigkeit auch in schwerer Lage zum Sieg verhelfen könne.[19]

Die antiken Autoren, gleich aus welcher Perspektive sie schreiben, lassen übereinstimmend keinen Zweifel daran, dass es sich bei der Verschwörung Catilinas um ein einmaliges und ungeheures Verbrechen handelte, das eine für Rom tödliche Bedrohung darstellte.

Geplant war die Ermordung der Oberschicht, das Niederbrennen Roms, ja die Unterbrechung der Aquädukte, um die Bevölkerung durch Verdursten in die Knie zu zwingen. Wäre das den Catilinariern gelungen, dann wäre Rom untergegangen.[20] Die Gefahr, dass es dazu kam, war nicht gering; denn fast die gesamte *plebs* sympathisierte mit ei-

14 Plutarch, Cato d. J. 23, 3 (vgl. Anm. 2).

15 Plutarch, Cicero 10–22.

16 Ebd. 20, 3–4.

17 Ebd. 22, 1–2.

18 Ebd. 22, 3.

19 Ebd. 13, 1.

20 Florus 2, 12, 5.

nem Umsturz[21], und in Italien stand kein römisches Heer zur Abwehr bereit.[22] Angesichts dieser Tatsachen ist auch keinem einzigen antiken Autor jemals die verwegene Ausgangsfrage in den Sinn gekommen, ob man nicht Catilina, wie es ja gelegentlich in der modernen Literatur anklingt, als verkannten Sozialreformer rehabilitieren solle.

Uneinig sind sich die antiken Autoren hingegen in zwei Fragen, nämlich ob Cicero wirklich die ausschlaggebende Rolle gespielt hat, die er sich selbst zuschreibt, und ob Caesar und Crassus wirklich Mittäter waren. Diese Uneinigkeit hat sich in beiden Fällen auch auf die moderne Literatur übertragen. Die erste der beiden offenen Fragen sollte sich durch ein sorgfältiges Studium von Ciceros vier Catilinarischen Reden beantworten und die zweite durch eine Einschätzung des Interesses, das Caesar und Crassus an einer Verbindung mit Catilina unter Umständen hätten haben können.

Bevor allerdings auf die letztere Frage näher einzugehen ist, gilt es einige Worte über die sozialgeschichtlichen Voraussetzungen zu verlieren, unter denen ein Mann wie Catilina fast die gesamte *plebs*[23] als heimliche oder offene Anhänger gewinnen konnte und darüber hinaus auch noch zahlreiche Angehörige der Nobilität.

II. Die Vorgeschichte der Verschwörung

Der Frage nach der Entstehung der Verschwörung konnte Cicero, der die Krise als verantwortlicher Konsul hic et nunc bewältigen musste, nicht mit der Intensität nachgehen, mit der ein wissenschaftlich forschender Historiker

[21] Sallust, Catilina 37, 1; 48, 1.

[22] Ebd. 16, 5.

[23] Sallust, wie Anm. 21.

eine lange Kette von Ursachen zu verfolgen pflegt, bis er an den Punkt gelangt ist, aus dem das fragliche Ereignis letztlich umfassend zu erklären ist. Tatsächlich betreibt Cicero auch nur in einer Passage der Zweiten Catilinarischen Rede (§§ 17–23) Ursachenforschung, das aber in der praktischen Absicht, die Resozialisierbarkeit der Catilinaanhänger auszuloten. Anders als Cicero verfügte hingegen der Historiker Sallust zwei Jahrzehnte nach dem Aufstand über die nötige Muße, um in theoretischer Absicht eine umfassende Erklärung der Catilinarischen Verschwörung herauszuarbeiten. Sallust hat diese Muße zu nutzen gewusst.

Ursache im weitesten Sinne ist für Sallust der allgemeine Sittenverfall, in dessen Verlauf ein einst verbindlicher Tugendkanon abgedankt hat, um der entschlossenen Befriedigung der *libido* das Feld zu überlassen.

Natürlich hat Sallust gewusst, dass diese allgemeine Beobachtung sicher nicht nur auf sein eigenes Jahrhundert zutrifft. Demgemäß weist er auch der prinzipiell festzustellenden Herrschaft der *libido* eine geschichtlich konkrete Wirklichkeitsform nach und ortet diese in den Proskriptionen des Optimaten Sulla (138–78) im Jahre 82.

Diese Proskriptionen, also die Ächtung der politischen Gegner samt Vermögenseinzug, waren gewiss der Tiefpunkt in der Geschichte der Auseinandersetzungen zwischen Optimaten und Popularen, die indes gleichsam vom ersten Tag an seit dem Vorstoß des Ti. Gracchus im Jahre 133 gewaltsam ausgetragen wurden. Insbesondere hatte auch wenige Jahre vor Sulla der 84 ums Leben gekommene Cinna, Caesars Schwiegervater, als Popularer grausame Proskriptionen gegen die Optimaten angezettelt. Aber davon spricht der Populare Sallust nicht. Stattdessen kommt es ihm auf den Nachweis an, der Optimat Sulla habe die *disciplina militaris* zerstört[24] und den Niedergang der Nobi-

[24] Sallust, Catilina 11, 5.

lität eingeleitet, indem er die Habsucht zu ihrem Markenzeichen erhoben habe.[25] Und im Rahmen dieser Vorgaben habe sich auch Catilina bewegt.

Sallust führte die von Catilina ausgebeutete Krise nicht nur deswegen auf Sulla zurück, weil er mit Vorliebe in den Optimaten die Quelle aller Übel sah. Sallusts Argumentation war auch insofern plausibel, als sogar eine direkte persönliche Verbindung zwischen Sulla und Catilina bestand: denn dieser hatte sich als Sullaanhänger in der Phase bewusster Rechtlosigkeit schamlos bereichert und zudem seine Mordlust befriedigt. Er erschlug sogar seinen eigenen Bruder und setzte ihn, um einer vielleicht doch denkbaren gerichtlichen Verfolgung zu entgehen, noch nachträglich auf die Liste der Geächteten.[26] Zusammen mit einer Mordbande erschlug er außerdem mehrere Ritter, darunter seinen Schwager Q. Caecilius und M. Marius Gratidianus, einen Verwandten Ciceros. Das abgeschlagene Haupt seines Opfers trug er wie im Triumph durch die Stadt.[27] Catilina handelte also nach Sullas Maximen, der ihm im weitesten Sinne zum Vorbild diente.

Nun blieb diese Verbindung in veränderter Form auch noch über Sullas Tod hinaus erhalten. Dieser hatte nicht nur einst Wohlhabende durch die Proskriptionen in die Verarmung gestürzt, sondern nicht minder auch seine durch dieses Vorgehen zunächst begünstigten Veteranen, weil sie ihr unverhofft gewonnenes Vermögen längst wieder verspielt und danach hohe Schulden aufgehäuft hatten. Damit hatte Catilina gleich eine doppelte Zielgruppe – die von Sulla ins Elend gestürzten Popularen[28] und sogar auch noch seine von ihm zunächst wohlversorgten Vetera-

[25] Ebd. 11, 6–8.

[26] Plutarch, Cicero 10, 2.

[27] Asconius, pp.75/ 80 (K/Sch) oder pp. 84/90 (Clark).

[28] Sallust, Catilina 28, 4 und 37, 9; Cicero, in Catilinam 2, 21.

nen.[29] Hinzu kamen noch verarmte Landarbeiter, die von Spenden angelockt nach Rom kamen, aber auf die Dauer nicht Fuß fassen konnten.[30] In ihrer verzweifelten Lage sympathisierten die meisten jungen Männer, insbesondere die adligen mit Catilina.[31] An alle diese Deklassierten musste er appellieren, um Anhänger zu gewinnen; ihnen musste er in einer Neidrede gegen die besser Davongekommenen Schuldenerlass (*tabulae novae*), erneute Proskription der Reichen, Ämter, Priesterstellen und fette Beute versprechen.[32] Mit all diesen Hinweisen interpretiert also Sallust die Verschwörung Catilinas plausibel als Spätfolge der Proskriptionen Sullas.

Die Wahrnehmung einer Chance zu ruchlosem Handeln setzt natürlich auch einen diese Chance ergreifenden ruchlosen Charakter voraus.

Dass Catilina diese Bedingung erfüllte, hatte er ja schon als Proskriptionsgewinnler bewiesen. Es kam aber noch mehr hinzu. Er hatte die Vestalin Fabia, eine Schwester der Cicerogattin Terentia, im Jahre 73[33] ihrer Jungfräulichkeit beraubt, die sich dafür auch noch rechtfertigen musste, aber freigesprochen wurde.[34] Wäre sie für schuldig befunden worden, so wäre sie zur Strafe lebendig begraben worden.[35] Catilina selbst wurde, wie kaum anders zu erwarten, auch freigesprochen. Später soll er dann seine eigene, aus einem ehebrecherischen Verhältnis hervorgegangene

[29] Sallust, Catilina 16, 4 und 28, 4; Cicero, in Catilinam 2, 5; Cicero, pro Murena 49.

[30] Sallust, Catilina 37, 7.

[31] Ebd. 17, 6.

[32] Ebd. 20–21.

[33] Dieses Datum folgt aus Cicero, in Catilinam 3, 9.

[34] Asconius p. 82 (K/SCH) oder p. 91 (Clark).

[35] Plutarch, Numa 10.

Tochter geheiratet haben.[36] Außerdem dürfe man, so Sallust, als gesichert annehmen, dass Catilina seinen eigenen Sohn ermordet hat, um Platz für seine neue Ehe mit einer gewissen Aurelia Orestilla zu schaffen, die wegen eben dieses Sohnes Bedenken äußerte.[37] Im Senat und damit vor qualifizierter Öffentlichkeit erinnert Cicero Catilina zusätzlich daran, dass er um dieser neuen Ehe willen auch seine erste Frau ermordet habe.[38] Zusammenfassend stellt Cicero fest, Catilina sei von Jugend an in jeden denkbaren Frevel bis hin zum Mord verwickelt gewesen[39], und dasselbe gelte für seine Komplizen.[40]

Angesichts eines solchen Leumundes ist es nicht leicht zu verstehen, dass Catilina im Jahre 68 offensichtlich *suo anno* das Praetorenamt erlangte und zwei Jahre später in einem Repetundenprozess freigesprochen wurde. Dieser Prozess lehrt schließlich, dass es zur skrupellosen Ausnutzung einer gefährlichen Staatskrise nicht nur des skrupellosen Charakters eines Einzelnen bedarf. Es müssen auch noch mächtige Unterstützer hinzukommen. Diese Rolle spielte bei diesem Prozess der ebenfalls übel beleumundete P. Clodius Pulcher (93–52), der sich beim Repetundenprozess als äußerst nützlich erwies und selbst noch nach Catilinas Tod zu ihm stand.

III. Der Repetundenprozess gegen Catilina

Im Jahr 66 erfuhr Catilina einen ersten Rückschlag. Er hatte als Propraetor die Provinz Africa so rücksichtslos

36 Orosius, adversum paganos 6, 3, 1; Asconius pp. 77/ 82 (K/Sch) oder pp. 86/91 f. (Clark); Plutarch, Cicero 10, 2.

37 Sallust, Catilina 15, 2; Appian 2, 2.

38 Cicero, in Catilinam 1, 14.

39 Cicero, pro Sulla 70.

40 Ebd. 76.

ausgebeutet, dass die Provinzbewohner gegen ihn in Rom einen Repetundenprozess anstrengten, durch den sie die ihnen abgepressten Gelder „zurückerstrebten". Das hatte weitreichende Folgen für Catilina, der im Sommer 66 eigens früher aus der Provinz nach Rom zurückgekehrt war, um sich für das Konsulat des Jahres 65 zu bewerben. Diese Bewerbung wurde vom zuständigen Konsul L. Volcacius Tullus abgewiesen, weil ja noch das Repetundenverfahren gegen ihn anhängig sei.[41] Schlimmer noch, die Nobilität, das politische Lager also, in das er dank seiner Herkunft und als Anhänger Sullas gehörte, verweigerte ihm für den Prozess die erhoffte Unterstützung, weil man nicht erneut ins Zwielicht geraten wollte wie beim Verresprozess, den Cicero im Jahre 70 erfolgreich gegen einen der übelsten römischen Erpresser und Kunsträuber und damit zugleich gegen dessen Unterstützer aus den Reihen der Optimaten geführt hatte.

Catilina erreichte gleichwohl einen Freispruch, und zwar mit Hilfe eines Kunstgriffs, den Cicero beim Verresprozess noch durchkreuzt hatte, als er gegen Q. Caecilius Niger, den Qaestor des Verres, den Gerichtsentscheid erwirkte, dass er selbst die Anklage übernähme und nicht der allzu barmherzige Freund des Erpressers. Anders als Verres erhielt aber Catilina mit Clodius den gewünschten Scheinankläger, der milde attackierte, integre Männer von der Richterliste streichen ließ und hinnahm, dass mehrere Richter von wem auch immer bestochen waren. So wurde denn Catilina freigesprochen, aber *per infamiam*, sofern er von der Gruppe der Senatoren für schuldig befunden wurde und nur dank der Stimmen der Ritter und Aerartribunen als nicht schuldig davonkam.[42]

41 Asconius p. 79 f. (K/Sch) oder p. 89 f. (Clark).

42 Ebd. p. 80 (K/Sch) oder p. 89 (Clark).

Juristisch konnte Catilina den Prozess als Erfolg verbuchen, politisch hingegen nicht. Die Nobilität, sein angestammtes politisches Lager, hatte sich von ihm unmissverständlich distanziert. Er musste sich daher neue Verbündete suchen und fand sie, wie mehrere Quellen und postum auch Cicero versichern, in Caesar und Crassus. Dass diese Verbindung für Catilina ein Gewinn war, leuchtet ohne weiteres ein.

Dass das aber auch für Caesar und Crassus gelten soll, leuchtet weniger leicht ein. Und doch konnten Caesar und Crassus, wie ein Blick auf die Umstände der Verschwörung des Jahres 65 lehrt, ihre Interessen durchaus auch im Bunde mit einem Mann wie Catilina verfolgen.

IV. Caesar, Crassus, Catilina und die Verschwörung des Jahres 65

Die Verschwörung sollte am 1. Januar 65 in die Tat umgesetzt werden. Da aber der Plan vorher bekannt geworden und damit um das Überraschungsmoment gebracht war, wurde die Ausführung auf den 5. Februar verschoben.[43] Man kann diese Verschwörung nur unter Vorbehalt die „Erste Catilinarische Verschwörung" nennen. Denn die einschlägigen Quellen sind sich zwar einig, dass die Verschwörung tatsächlich stattgefunden hat, berichten aber widersprüchlich über die Beteiligten und die Rolle, die sie jeweils spielten. Catilina selbst erscheint bald in der Hauptrolle, bald in einer Nebenrolle und einmal überhaupt nicht.

Cicero, für den sich die Tatsache der Verschwörung auch in öffentlich gehaltener Rede von selbst versteht[44],

[43] Sallust, Catilina 18, 6.

[44] Cicero, pro Sulla 11. 13.

nennt in der ersten Rede gegen Catilina (§1) ebendiesen allein als Rädelsführer und an anderem Ort, von Asconius bestätigt, Catilina zusammen mit C. Calpurnius Piso.[45]

Letzterer wurde nach dem Scheitern der Verschwörung auf ein Kommando in Spanien abgeschoben und dort von Einheimischen ermordet[46], was, wie Asconius hinzufügt, Pompeius nicht unwillkommen gewesen sei.[47] Im Übrigen wusste Cicero, dass Catilina noch weitere prominente Mitverschwörer angeworben hatte, wolle aber deren Namen nicht nennen. Dazu bemerkt Asconius, der diesen sonst nicht erhaltenen Passus kommentiert, der Leser erkenne hoffentlich, wen Cicero offenbar bewusst nicht nennen wolle.

Spätestens bei Sueton aber wird sich zeigen, wessen Namen Cicero bei seiner *praeteritio* im Auge hatte.[48]

Sallust spricht von einigen Verschwörern, unter denen auch Catilina zusammen mit Piso und einem gewissen Autronius gewesen sei. Ziel war die Ermordung mehrerer Senatoren und insbesondere der beiden Konsuln L. Aurelius Cotta und L. Manlius Torquatus.[49] Mit diesen Namen geht Sallust auch sogleich auf den äußeren Anlass der Verschwörung ein. Die beiden Konsuln aus den Reihen der Optimaten hatten ihr Amt erlangt, weil die eigentlich gewählten P. Autronius Paetus und P. Cornelius Sulla, ein Verwandter des berühmten Sulla, nachdem sie vor Gericht der Wahlbestechung (*ambitus*) für schuldig befunden waren, ihr Amt nicht antreten durften.[50]

45 Cicero, pro Murena 81; ebenso Asconius pp. 58/82 (K/Sch) oder pp. 66/92 (Clark).

46 Sallust, Catilina 19, 3.

47 Asconius p. 83 (K/Sch) oder 92 (Clark).

48 Ebd. pp. 82 f. (K/Sch) oder pp. 92 f. (Clark).

49 Sallust, Catilina 18, 5.

50 Asconius p. 66 (K/Sch) p. 75 (Clark); Cicero, De finibus 2, 62.

Offenbar zogen die beiden Opfer des Gerichtsbeschlusses hernach nicht an einem Strang. In Einklang mit Sallust, der Sulla nicht als Mitverschwörer nennt, verteidigt Cicero im Jahre 62 in seiner *Oratio pro Sulla* diesen mit Erfolg gegen den Verdacht, an der ersten und an der zweiten Verschwörung teilgenommen zu haben. Bei Autronius lagen die Dinge anders. Denn Cicero betonte in derselben Rede, Autronius sei im Zuge der Prozesse gegen die Catilinarier im Jahre 62 zu Recht verurteilt worden[51]: Er selbst habe ihn beim Mordanschlag im Oktober 63 auf dem Marsfeld unter den Attentätern gesehen.[52]

Auslöser der Verwicklungen war also das Verfahren wegen *ambitus*, des „Herumgehens" des Kandidaten um den zu bestechenden Wähler.

Nachgewiesen wird dieses Vergehen an Hand bestimmter Tatbestandsmerkmale, wenn etwa bezahlte Helfer den Kandidaten zu seinen Auftritten abholen oder ihn unterwegs begleiten, um Aufsehen zu erregen, wenn für die einzelnen Wahlbezirke Sitzplätze bei den Gladiatorenkämpfen reserviert werden oder wenn ein aufwändiges Festessen Wähler ködern soll.[53]

Dem Gegenkandidaten wenigstens eines dieser Merkmale nachzuweisen, dürfte vielleicht gar nicht so schwer fallen. Eben das mussten auch die beiden verurteilten Popularen Autronius und Sulla erfahren. Mindestens Autronius versuchte darauf, das ihm aus seiner Sicht widerfahrene Unrecht gewaltsam zu korrigieren, und bot damit auch weiteren entschiedenen Popularen einen Anlass, eine Verschwörung zur Stärkung ihres Lagers einzugehen. Gescheitert ist das Unternehmen laut Sallust, weil Catilina das Zeichen zum Angriff zu früh gab, als seine Komplizen

51 Cicero, Rede pro Sulla 7. 16.

52 Ebd. 51. Zur Sache vgl. Abschnitt VIII.

53 Cicero, pro Murena 67.

ihre Positionen noch gar nicht eingenommen hatten. So habe Catilina höchstselbst das übelste Verbrechen seit der Gründung der Stadt verhindert.[54]

In den *periochae* (101) des Livius heißt es abweichend von Cicero und Sallust, eine Verschwörung beider vom Konsulat wegen *ambitus* ausgeschlossenen Bewerber habe ihr Ziel verfehlt, die amtierenden Konsuln zu ermorden. Wenn es zutrifft, dass Cassius Dio sich auf Livius stützt, dann wäre seiner Darstellung zusätzlich zu entnehmen, dass – entsprechend der zitierten *periocha* 101 – laut Livius die Initiative von den beiden gescheiterten Konsulatskandidaten ausging, die neben anderen auch Catilina und Piso als Mitverschwörer anheuerten.[55]

Mit einer Überraschung weiß der Kaiserbiograph Sueton[56] bei seiner Identifikation der Verschwörer aufzuwarten. Während er nämlich Catilina in seinem Bericht über die Verschwörung des Jahres 65 mit keinem Wort erwähnt, hält er ohne Scheu vor großen Namen fest, ausgerechnet Caesar und Crassus seien in Verdacht geraten, Mitverschwörer des Autronius und – wie schon laut Livius und Cassius Dio – des Sulla zu sein. Überdies ist aus Suetons Formulierung noch nicht einmal klar zu ersehen, ob nach seiner Meinung die beiden Ersteren oder die beiden Letzteren die Initiative ergriffen hatten. Die vier Genannten hätten aber ein gemeinsames Ziel gehabt: Crassus sollte *dictator* werden und Caesar sein *magister equitum*, und das in der Absicht, nach der Ermordung der vorher bezeichneten Senatoren die Verfassung neu zu ordnen und hernach Autronius und Sulla in das ihnen vorenthaltene Amt einzusetzen.

Sueton belässt es im Übrigen nicht dabei, vage an eine seinerzeit aufgekommene Verdächtigung zu erinnern,

[54] Sallust, Catilina 18, 8.

[55] Cassius Dio 36, 44, 3–5.

[56] Sueton, Caesar 9.

sondern benennt klar definierte Interessen und beruft sich dafür auf drei Zeugen, die zwar allesamt Caesargegner waren, ihre Vorwürfe aber auch allesamt öffentlich geäußert hatten. Caesars Amtskollege Bibulus, mit dem er sich sogleich wegen seiner Äckergesetze entzweite, habe seine Beweise in einer von ihm edierten Ediktsammlung vorgelegt. C.Scribonius Curio, der gleichnamige Vater des späteren Caesaragenten, habe Caesars Verwicklung in öffentlichen Reden angeprangert. Schließlich habe der Historiker Tanusius Geminus, dessen Werk uns nicht erhalten ist, ausgeführt, Crassus sei am 5. Februar entweder aus schlechtem Gewissen oder aus Furcht nicht am verabredeten Treffpunkt erschienen und deshalb habe Caesar nicht das Zeichen zum Losschlagen geben können, indem er, so Curio, seine Toga von der Schulter gleiten ließ.

Nach Curios Version war es also Caesar, dem jener Fehler unterlief, den bei Sallust der im Text des Sueton gar nicht auftauchende Catilina beging. Weitaus bedeutsamer ist aber, dass sich beim Leser Suetons am Ende des Kapitels der Eindruck verfestigen muss, er wolle nicht nur von einer bloßen Verdächtigung gegen Caesar berichten, sondern diese als durch prominente Zeugen wohlfundiert ausgeben. Zumal er wiederum unter Berufung auf Curio noch hinzufügt, Caesar habe sich außerdem bei einer anderen Gelegenheit mit Piso verschworen, dieser solle in den Provinzen einen Aufstand anzetteln und zur gleichen Zeit er selbst in Rom.

Über die Verdächtigungen, denen Sueton neue Nahrung gegeben hat, war offenbar auch Sallust informiert. Naturgemäß bringt aber der Caesaranhänger Sallust seinen einstigen Gönner mit keinem Wort in einen Zusammenhang mit der Verschwörung. Dem ehemaligen Sullaanhänger Crassus hingegen gewährt er solche Schonung nicht: Es gäbe das Gerücht, Crassus sei an der Vorbereitung eines Anschlages im Jahre 64 beteiligt gewesen. Weit entfernt, dieses Gerücht zu zerstreuen, nennt Sallust auch noch ein mit dem Gerücht verbundenes plausibles Motiv, dass Crassus nämlich gehofft hätte, im Falle eines Erfolges der Verschwörung der erste Mann im Staat (*princeps*) zu werden.[57]

Nun nennt Sallust in ebendiesem Kapitel noch ein weiteres Motiv des Crassus, das ebensogut auch ein Motiv Caesars gewesen sein konnte, nämlich die Furcht vor der Macht des auf allen Schlachtfeldern siegreichen Pompeius, der Crassus persönlich verfeindet war und nach seiner Rückkehr aus dem Osten alle innenpolitischen Rivalen an die Wand drücken könnte. Dieselbe Sorge musste auch Caesar hegen, der seine Position durch das Kommando über ein Heer zu stärken suchte, das er für eine von ihm durchzuführende Annexion Ägyptens benötige. Die Aussicht auf ein tributpflichtig unterworfenes Ägypten stieß natürlich gerade unter den Popularen auf Sympathie, weil ein solcher Vorstoß frisches Geld zum Ankauf von Parzellen für römische Veteranen erhoffen ließ. Das von mehreren Tribunen und insbesondere von Crassus, dem Censor des Jahres 65, unterstützte Ansinnen scheiterte aber im Senat am Widerstand des Q. Lutatius Catulus, der in diesem Jahr ebenfalls Censor war.[58]

In der Tat muss es die gemeinsame Furcht vor Pompeius gewesen sein, die den Popularen Caesar und den einstigen Sullaanhänger Crassus zusammenführte. Für eine Annäherung sprachen aber noch weitere Umstände. Der reiche Crassus war der ideale Partner des bedenkenlosen Geldverschwenders Caesar. Als Caesar als Propraetor nach Spanien aufbrechen wollte, hinderten ihn seine

[57] Sallust, Catilina 17, 7.

[58] Plutarch, Crassus 13, 1; Sueton, Caesar 11/13.

Gläubiger an der Abreise[59]; und dabei wäre es geblieben, hätte nicht Crassus seine Schulden übernommen.[60]

Umgekehrt hatte Crassus ein Interesse an einer ihn politisch entlastenden Nähe zu Caesar, der unter den Popularen ein makelloses Ansehen genoss. Er hatte Sullas Druck widerstanden, sich von seiner Frau Cornelia, Cinnas Tochter, scheiden zu lassen[61]; er hatte 65 als Aedil die Ehrenstatuen für Marius wieder aufstellen lassen; er hatte den Kindern der Proskribierten in aller Form ihre Bürgerrechte zurückerstattet.[62]

Es kamen also für Caesar und Crassus mehrere besondere Umstände hinzu, die das gemeinsame Interesse, sich gegen Pompeius zu wappnen, noch vertieften. Nur ein solches gemeinsames Interesse – und darauf kommt es an – lässt schließlich plausibel erscheinen, dass Caesar und Crassus mit Catilina zeitweilig gemeinsame Sache machten. Sie konnten ihn sehr wohl als Rammbock benutzen, sei es zu Beginn des Jahres 65 oder auch für den Fall, dass sie sich künftig durch einen erfolgreicheren Staatsstreich eine unangreifbare Position verschaffen wollten.

Die hiermit abgeschlossene Übersicht über die Berichterstatter der Verschwörung des Jahres 65 dürfte auch verständlich gemacht haben, warum die moderne Forschung diesem Ereignis mit so viel Skepsis begegnet. Denn die Angaben zu den Beteiligten und zu ihren Motiven sind äußerst widersprüchlich. Deshalb muss das Ereignis aber nicht, wie bisweilen geschehen, zur Legende erklärt werden. Denn bei der heterogenen Zusammensetzung der Verschwörer sind die widersprüchlichen Angaben zu den beteiligten Personen kaum verwunderlich. Da waren beleidigte, weil verhin-

[59] Sueton, Caesar 18, 1; Appian 2, 8.

[60] Plutarch, Caesar 11, 1 und Crassus 7, 6.

[61] Velleius Paterculus 2, 41, 2; Sueton, Caesar 1.

[62] Velleius Paterculus 2, 43, 4; Sueton, Caesar 11.

derte Konsuln wie Autronius und eventuell Sulla, da waren kühl kalkulierende Machtpolitiker wie Caesar und Crassus, und da waren bedenkenlose Hasardeure wie Catilina und Piso, zudem noch viele andere, deren Namen gar nicht überliefert sind. Unter diesen Umständen ist es nur natürlich, dass zeitgenössischen Beobachtern der eine Teilnehmer mehr ins Auge stach als ein anderer; und geradezu folgerichtig spiegelt sich diese individuelle Wahrnehmung in den später verfassten Berichten wider. Dies bedacht, scheint auf jeden Fall als Fazit erlaubt, dass die Verschwörung des Jahres 65 tatsächlich stattgefunden hat und dass sich zu dieser Verschwörung aus höchst unterschiedlichen Motiven Männer aus dem popularen Lager zusammengeschlossen haben, die nur die Aversion gegen den gemeinsamen Gegner, nämlich die Nobilität, einte.

Anzumerken bleibt nur noch, dass der Senatsbeschluss, die Teilnehmer an der Verschwörung vor Gericht zu stellen, am Veto eines Volkstribunen scheiterte.[63]

V. Catilinas Bewerbung um das Konsulat des Jahres 63

Im Jahre 65 konnte sich Catilina nicht um das Konsulat des folgenden Jahres bewerben, weil sein Freispruch im Repetundenprozess dafür zu spät erfolgte. Das hinderte ihn natürlich nicht, sich um das Konsulat des Jahres 63 zu bewerben, jenes Jahres also, für das sich auch Cicero zur Wahl stellte, und zwar mit Erfolg.

Während Catilina in Cicero seinen politischen Gegner sah, machte er mit einem anderen Gegenkandidaten, C. Antonius Hybrida, sogar gemeinsame Sache. Dank seiner Verschwendungssucht war Antonius finanziell eben-

[63] Cassius Dio 36, 44, 3–5.

so ruiniert wie Catilina[64], aber die beiden wussten sich zu helfen. Sie bündelten ihre Kräfte in der Hoffnung, sie könnten sich durch zweckmäßige Koordination des Wahlverhaltens der ihnen sicheren Stimmbezirke gegen die übrigen Bewerber gemeinsam durchsetzen.[65] Zudem schreckten sie nicht davor zurück, ausgiebig vom Mittel der Wahlbestechung (*ambitus*) Gebrauch zu machen.

Dieses Fehlverhalten hat Cicero kurz vor den Konsulatswahlen in seiner Senatsrede „*In toga candida*" angeprangert. Als Ganzes ist diese Rede nicht erhalten, aber mehrere Passagen hat Asconius in seinem Kommentar zu dieser Rede wörtlich festgehalten. Aus diesen Passagen wird deutlich, wie die verarmten Bewerber Catilina und Antonius den teuren *ambitus* finanzieren konnten. Der Geldgeber war Crassus im Einvernehmen mit Caesar.[66] Plutarch bestätigt, Cicero habe in seiner Rede vor dem Senat Caesar und Crassus die Unterstützung Catilinas vorgehalten[67]; und Cassius Dio versichert, Cicero habe noch in seiner erst postum veröffentlichten Schrift „De consiliis suis" an seinem Vorwurf festgehalten.[68]

Warum Caesar und Crassus erneut für Catilina Partei ergriffen, ist wiederum aus ihrer gerade bestehenden Interessenlage zu erklären: Würde Cicero zum Konsul gewählt, dann hätte Pompeius über sein militärisches Übergewicht hinaus auch politisch in der Stadt festen Fuß gefasst. Schließlich hatte sich Cicero als Praetor urbanus im Jahre 66 mit seiner Rede „De imperio Cn. Pompei" für die Übertragung des Oberbefehls im Dritten Mithridatischen Krieg an Pompeius eingesetzt. Caesar und Crassus

[64] Cicero, in Catilinam 1, 14.

[65] Asconius, p. 74 (K/Sch) oder p. 83 (Clark).

[66] Ebd. p. 74 (K/Sch) oder p. 83 (Clark).

[67] Plutarch, Crassus 13, 2–4.

[68] Cassius Dio 39, 10, 2–3.

mussten Cicero als Konsul unbedingt verhindern, aber Cicero gewann und mit ihm Antonius, Catilinas bisheriger Verbündeter. Zu allem Überfluss gelang es dann Cicero auch noch, Antonius auf seine Seite zu ziehen, indem er die ihm zugeloste reiche Provinz Makedonien für das Prokonsulatsjahr seinem neuen Amtskollegen überließ.[69]

Diese Wendung der Dinge bedeutete für Caesar und Crassus, dass der Wahlverlierer Catilina ihnen nicht mehr von Nutzen sein konnte. Er vermochte ihnen nunmehr weder gegen Pompeius noch gegen Cicero irgendwelche Dienste zu leisten. Daher mussten sie gegen den drohenden Zweibund andere Agenten vorschicken – so den Volkstribunen P. Servilius Rullus, der den Handlungsspielraum des Pompeius durch entsprechende Bestimmungen seines einzubringenden Agrargesetzes begrenzen sollte (Abschnitt VI), und den Volkstribunen T. Attius Labienus, der durch einen Prozess wegen eines vom *senatus consultum ultimum* gedeckten Totschlags vor 37 Jahren Cicero eine unmissverständliche Warnung erteilen sollte (Abschnitt VII).

VI. Die *lex agraria* des P. Servilius Rullus

Rullus, einer der seit dem 10. Dezember 64 amtierenden Volkstribunen, hatte ein Agrargesetz entworfen, dessen Erfolg das Ende der republikanischen Ordnung Roms bedeutet hätte. Schon rein äußerlich hatte er sich auf die Rolle eines Ersatzcatilina vorbereitet. Seit er designierter Volkstribun war, hatte er in Mimik, Stimme und Gestik, durch schmutzige Kleidung, mangelnde Körperpflege, struppi-

[69] Cicero, in Pisonem 4; ad Atticum 2, 1, 3; pro Sestio 8; Philippica 11, 23; Sallust, Catilina 26, 4; Plutarch, Cicero 12, 3; Cassius Dio 37, 33, 4. Näheres im Kommentar zu 3, 14.

gen Bart und lange Haare tribunizische Gewalt auch äußerlich vor sich hergetragen und sein Bürgerschreckimage aufgebaut. Auch befleißigte er sich in seinen Versammlungen einer überspannten Diktion, so dass niemand sein Latein so recht verstehen konnte.[70]

Noch vor Ciceros Amtsantritt am 1. Januar 63 hatte Rullus seinen Gesetzentwurf offenbar schon zirkulieren lassen, so dass Cicero sich genötigt sah, gleich am ersten Tag seines Konsulats bei seinem ohnehin fälligen Auftritt vor dem Senat die Vorschläge des Rullus zurückzuweisen und wenig später auch vor der Volksversammlung. Wir kennen den Entwurf des Rullus nur aus Ciceros Entgegnung. Das muss aber nichts heißen; denn mindestens die Senatoren werden über den Entwurf informiert gewesen sein. Cicero hätte also, selbst wenn er das gewollt hätte, kaum etwas verdrehen können.

Bemerkenswert ist, dass Rullus nicht etwa verarmten Römern zu einer Parzelle verhelfen wollte, indem er beispielsweise in der Provinz Asia Minor Veteranenkolonien anlegte. Vielmehr dachte Rullus in umgekehrter Richtung. Er verlangte die Einsetzung eines Zehnmännerkollegiums, das auf fünf Jahre absolute Vollmacht über die Nutzung des Reichsterritoriums erhalten sollte. Dieses Kollegium sei mit der Befugnis auszustatten, Ländereien in eroberten oder noch zu erobernden Territorien zu verkaufen und mit diesen Einnahmen Eigentümer in Italien zu entschädigen, auf deren Grund und Boden die Begünstigten anzusiedeln seien.[71] Italien und nicht Asien sollte also die Parzellen bereitstellen.

Weil nun aber Eigentümer selbst dann, wenn sie auf diese Weise hohe Schulden tilgen könnten, wohl kaum freiwillig auf ein solches Ansinnen eingehen dürften,

[70] Cicero, De lege agraria 2, 15.

[71] Ebd. 1, 12.

mpeius, der allein die Römer vor ihnen schützen könne, bedingt entmachten.[81]

Es versteht sich nach Ciceros Ausführungen von selbst, ss er eine solche Form sozialpolitischer Planung, die das gentumsrecht außer Kraft setzte, im Keim ersticken muss- Seine Argumente sprachen für sich. Mit seiner Rhetorik achte Cicero, wie Plinius d.Ä. anerkennend notiert, die zelnen Abstimmungsbezirke dazu, Rullus die Zustimung zu verweigern[82]; und im Senat brachte der Volkstri- n L. Caecilius Rufus durch sein Veto das Ansinnen des llus endgültig zu Fall.[83]

Von den Hintermännern des Rullus, die sich eine Aufnah- in das Zehnmännerkollegium, mindestens aber einen teil vom Plan des Rullus erhofften, nennt Cicero keinen nzigen mit Namen. Er erwähnt aber sieben Mal, es gebe sol- Hintermänner.[84] Bekannt ist aus anderer Quelle nur, dass tonius, Ciceros Amtskollege, gerne zu den Zehnmännern hört hätte.[85] Cicero begnügt sich mit der Aussage, er wolle ht sagen, wer auf Aufnahme in den Kreis der Zehn hoffe; r das könne man sich ja auch so denken.[86] So schonend t man gewöhnlich nicht mit politischen Leichtgewichten ; Cicero wird mit Sicherheit an Caesar und Crassus ge- ht haben; und sein Hinweis, Pompeius stelle die einzige fahr für die Männer um Rullus dar, schließt ja ein, dass lere Schwergewichte wohl die entsprechende Macht, aber ht den entsprechenden Willen hätten.

Schwer zu beantworten ist die Frage, ob Rullus in der wächung des Pompeius nur eine angenehme Begleiter-

bd. 2. 99.

linius d. Ä., Historia naturalis 7, 117.

icero, pro Sulla 65.

icero, De lege agraria 1, 11; 1, 16; 1, 22; 2, 15; 2, 20; 2, 23; 2, 98.

lutarch, Cicero 12, 3.

icero, De lege agraria 2, 64.

benötigten die Zehnmänner zur Durchsetzur bens 5000 Soldaten, die über ganz Italien zı en.[72] Da jedoch eine kompakte Macht stärker streute, müsse in einem nächsten Schritt in It: Machtzentrum gebildet werden, und zwar in waltbereite Milizen zu stationieren seien.[73] Ca die *altera Roma*[74], müsse als Bollwerk gegen (Hauptstadt Rom dienen.[75]

Die Zehnmänner und mit ihnen Rullus, zusammen, wären mit einem Schlag zu Herr über die Staatskasse, über die Steuern avanci

Von dieser „Reform" sollte Pompeius, de die Frage der Versorgung seiner potenzie beschäftigte, ausdrücklich nicht profitier teil – das Ziel war seine Entmachtung.[77] E deswegen nicht zu den Zehnmännern gel Bewerber ihren Wahlkampf nur in Rom f darauf müssten, so kommentiert Cicero, auch bestehen, weil Pompeius das einzige I Pläne sei[78]; er dürfe allenfalls Rullus und d Beuteverteilen zur Hand gehen.[79] Schließli ne Soldaten ein Gefühl der Dankbarkeit Zehnmännern und nicht gegenüber Por den.[80] Wenn anders das Ziel der Zehnmänn Macht über Italien ist, dann müssten sie, s

72 Ebd. 1, 16 und 2, 75.
73 Ebd. 1, 22; 2, 78. 82.
74 Ebd. 1, 24 f.; 2, 86.
75 Ebd. 2, 90.
76 Ebd. 2, 15; 2, 33 f.; 2, 39.
77 Ebd. 2, 50.
78 Ebd. 2, 24 f.
79 Ebd. 2, 53.
80 Ebd. 2, 55.

scheinung seiner Pläne gesehen hat oder ob es von vornherein das Hauptziel seines Vorstoßes war, die Position der Popularen durch Neutralisierung des Pompeius entscheidend zu stärken. So oder so, Cicero hatte einen subversiven Angriff auf das Reich und auf Pompeius erfolgreich abgewehrt und durfte sicher sein, dass Pompeius mit derselben Vehemenz gegen Rullus vorgegangen wäre wie er selbst.

VII. Die Anklage des T. Attius Labienus gegen C. Rabirius

Vergebens hatten die Popularen mit dem Vorstoß des Rullus versucht, die Gefahr zu bannen, die von Pompeius ausgehen könnte. Da galt es umso mehr, wenigstens die Gefahr zu bannen, die von Cicero ausgehen könnte. Denn es war nicht auszuschließen, dass auch Cicero, wie schon andere Konsuln vor ihm, populare Politiker, gestützt auf ein *senatus consultum ultimum (s.c.u.),* töten würde, wenn sich eine Gefahr für den Staat anders nicht abwenden ließe.

Der Begriff *senatus consultum ultimum* findet sich in dieser Form erstmals bei Caesar.[87] Die Formulierung des Inhalts variiert nur unbedeutend. Bei Caesar heißt es: „*dent operam consules . . . , ne quid res publica detrimenti capiat*". Während nach dem Zweiten Punischen Krieg zur Abwehr schwerer Gefahren niemand mehr zum *dictator* ernannt wurde, erteilte der Senat angesichts sich verschärfender innerer Konflikte den Konsuln mit dem *s.c.u.* mehrfach gleichsam diktatorische Vollmachten, wenn es darum ging, einen Systemwechsel unter popularem Vorzeichen zu verhindern. Diese Vollmacht ist laut Sallust die umfassendste, die einem römischen Exekutivbeamten zuge-

[87] Caesar, De bello civili 1, 5, 3; vgl. 1, 7, 5.

standen wird; sie berechtigte ihn, sämtliche militärisch notwendigen Maßnahmen zu ergreifen und die Gerichtshoheit (*summum iudicium*) als Standrecht auszuüben.[88] Caesar unterstreicht, mit der Formel des *s. c. u.* werde das Volk zu den Waffen gerufen[89], obwohl zumindest mit dem später gegen die Catilinarier gerichteten *s. c. u.* noch nicht deren Erklärung zu *hostes* einherging.[90]

Erstmals erteilte der Senat diese Vollmacht, als er 121 bei der Auseinandersetzung mit C. Gracchus keinen anderen Ausweg mehr sah. Der Konsul Opimius handelte entsprechend und tötete C. Gracchus zusammen mit vielen seiner Anhänger. Als später der Volkstribun Decius den Konsul vor der Volksversammlung anklagte, weil er Bürger ohne Gerichtsverfahren zu Tode gebracht habe, erreichte Opimius einen Freispruch, indem er sich verteidigte, die Tötung der Gracchusanhänger sei zur Rettung des Vaterlandes unumgänglich gewesen und daher zu Recht erfolgt.[91] Dessen unerachtet konnte Decius auf einen Schwachpunkt des *s.c.u.*, der auch Cicero stets bewusst war, hinweisen, dass nämlich mit der allgemein gehaltenen Formel keineswegs positiv dekretiert war, dass das Bürgerrecht auf Anhörung vor dem Volk im Falle eines Todesurteils oder einer Verbannung für die Zeit des Ausnahmezustandes suspendiert sei.[92]

Angesichts dieser Genesis war das *s.c.u.* zweifellos ein bewährtes Instrument in der Hand der Senatspartei, nicht aber anerkanntes Staatsrecht, zumal die Popularen

[88] Sallust, Catilina 29, 2–3.

[89] Caesar, De bello civili 1, 7, 5.

[90] Vgl. den Zusatztext zur zweiten Rede (Sallust, Catilina 36, 1–3).

[91] Cicero, De oratore 2, 106; vgl. Livius, periochae 61.

[92] Cicero, De oratore 2, 132.

es auch niemals als solches gelten ließen.[93] Gleichwohl konnte die Senatspartei bei gegebener Veranlassung jederzeit vom Institut des *s.c.u.* Gebrauch machen, und dem galt es mit einer geeigneten Maßnahme vorzubeugen. Diese Maßnahme leitete Caesar in die Wege. Während er beim Vorstoß des Rullus als Hintermann nur aus Indizien zu erschließen ist, trat er diesmal ganz offen als Initiator auf, als er den Volkstribunen T. Attius Labienus, seinen späteren Stellvertreter in Gallien, anstiftete, einen 37 Jahre zurückliegenden Fall aufzugreifen.

Im Jahre 100 war der Volkstribun L. Appuleius Saturninus samt Anhängern, nachdem wieder einmal ein *s.c.u.* ergangen war, von jungen Männern erschlagen worden, und zwar, wie Cicero erklärt[94], auf Geheiß des Konsuls Marius, nach anderen aber ohne dessen Zutun.[95] Unter diesen jungen Männern war auch der Senator Rabirius, der nunmehr als Demonstrationsopfer dienen sollte und zu diesem Zweck wegen Hochverrats (*perduellio*) angeklagt wurde. Zumal Cicero in dieser Anklage auch einen Angriff auf sich selbst sehen musste, übernahm er die Verteidigung des Rabirius.

Die Klage wegen *perduellio* war nicht nur bei einem Vergehen gegen den Staat möglich, sondern auch bei einer Gewalttat gegen einzelne Bürger, da ja auch dadurch der Staat geschwächt wurde. Das wiederum traf umso mehr zu bei der Tötung eines sakrosankten Volkstribunen. Bekannt sind zwei Präzedensfälle, über die Livius berichtet. Unter König Tullus Hostilius sollte der im Krieg siegreiche Horatius nach diesem Gesetz angeklagt werden, nachdem er seine Schwester wegen Beweinens eines er-

[93] Th. Mommsen, Römisches Staatsrecht, repr. Graz 1952, Band I, p. 690.

[94] Cicero, pro Rabirio 27 f.

[95] Appian 1, 32; Florus 2, 4, 6.

schlagenen Feindes in aller Öffentlichkeit getötet hatte. Als Richter ernannte der König zwei Männer (*duumviri*), die im Falle einer Verurteilung veranlasst hätten, dass der Delinquent mit verhülltem Haupt ans Kreuz gebunden und zu Tode gepeitscht werde (*caput obnubito, infelici reste suspendito, verberato*). Hätte das Volk dem zugestimmt, so wäre Horatius gemäß diesen Ausführungsbestimmungen hingerichtet worden.[96]

Der zweite Fall ereignete sich im Jahr 384, als M. Manlius, der Rom vor den das Kapitol ersteigenden Galliern gerettet hatte, später aber nach Königsherrschaft strebte, deswegen auf den Spruch der *duumviri* hin wegen *perduellio* vom Tarpejischen Felsen gestürzt wurde.[97] Varro bestätigt diese Strafe, aber nach Cornelius Nepos wurde er zu Tode gepeitscht.[98] Für Rabirius jedenfalls wurde, wie aus Ciceros Plädoyer hervorgeht, von der Anklage als Strafe die Kreuzigung verlangt.

Caesar entschied sich also für die Erneuerung eines wahrhaft archaischen Rechtsinstituts, um besonders drastisch zu demonstrieren, dass man das *s.c.u.* auch als Aufforderung zum Hochverrat sehen könne, aber auch wohl deswegen, weil die für dieses Verfahren vorgesehene Stellenbesetzung eine Abwicklung im engsten Freundeskreis gestattete. Obwohl natürlich nicht mehr der König, sondern das Volk die *duumviri* einsetzen musste, schaffte es Caesar, dass er selbst und sein Verwandter L. Caesar vom Praetor (von welchem, ist nicht überliefert) als *duumviri* bestellt wurden.[99] Dass die beiden Caesares durch Losent-

[96] Livius 1, 26. Bei Cicero heißt es: caput obnubito, arbori infelici suspendito (pro Rabirio 13).

[97] Livius 6, 20, 12.

[98] Die Angaben zu Varro und Cornelius Nepos finden sich bei Gellius 17, 21, 24.

[99] Cassius Dio 37, 27, 2.

scheid ihre Funktion erlangt haben sollen, wie Sueton[100] berichtet, verlangt zu viel Glauben an den Zufall. Und was Labienus betrifft, so war er umso leichter für die Rolle des Anklägers zu gewinnen, als unter den zusammen mit Saturninus Getöteten auch sein Onkel war.[101]

Dank solcher Vorgaben fiel es dem Gericht nicht schwer, Rabirius für schuldig zu befinden. Der aber nahm sein Recht auf die *provocatio* an das Volk wahr, das jedoch den Schuldspruch wahrscheinlich bestätigt hätte, wenn nicht der Praetor Metellus Celer von seinem Recht Gebrauch gemacht hätte, durch das Einziehen der roten Fahne wegen aufkommender Dunkelheit das Verfahren für diesen Tag zu unterbrechen.[102]

Endgültig gerettet war Rabirius erst, als Labienus am folgenden Tag auf einen Urteilsspruch verzichtete, obwohl er das Recht dazu hatte.[103] Dazu könnte ihn insbesondere Ciceros Plädoyer bewogen haben, der erst durch die von Rabirius angestrengte Revision mit seiner *Oratio pro C. Rabirio perduellionis reo ad Quirites* in das Verfahren eingreifen konnte. Nach Sueton kam der Verteidigung nichts mehr zustatten als die drakonische Strenge der Anklage.[104] Cicero sah diesen Umstand ebenfalls und nutzte ihn, indem er darauf verwies, dass nicht erst durch ihn, sondern schon nach dem Sturz der Könige die Klage wegen *perduellio* abgeschafft wurde; es sei nicht erst Cicero gewesen, der als Symbole tyrannischer Grausamkeit den Henker vom *forum* und das Kreuz vom *campus Martius* vertrieben habe.[105]

[100] Sueton, Caesar 12.

[101] Cicero, pro Rabirio 18.

[102] Cassius Dio 37, 27, 3

[103] Ebd. 37, 28, 4.

[104] Sueton, Caesar 12.

[105] Cicero, pro Rabirio 11.

Zur Verteidigung des Rabirius führte Cicero an, dieser habe als Glied in einer Befehlskette wohl zu den Waffen gegriffen, aber Saturninus nicht getötet.[106] Den tödlichen Hieb habe der Sklave Scaeva geführt, der dafür mit der Freiheit belohnt worden sei.[107] Im Übrigen sei politisch verantwortlich für diese Aktion niemand anders als der populare Konsul Marius gewesen, der Vater des Vaterlandes, den man doch wohl nicht postum noch wegen Mordes an Bürgern verurteilen wolle, zumal die Strafe unendlich grausamer ausfallen müsse, wenn anders doch seinem Untergebenen schon die Kreuzigung drohe.[108]

Um nun Caesar und Labienus darüber hinaus zu bedeuten, dass er den wahren Sinn der Klage gegen Rabirius sehr wohl verstanden habe, betonte Cicero abschließend, er werde, sollte auch in seiner Amtszeit als Reaktion auf eine vergleichbare Situation ein *s.c.u.* ergehen, dieses ebenso entschlossen ausschöpfen wie seinerzeit der Konsul Marius. Da Cicero auch die Rede für Rabirius nachträglich überarbeitet hat,[109] ist es denkbar, dass er diese Prognose in dem Bewusstsein, sie habe sich ja bewahrheitet, *ex eventu* noch in seinen Text eingearbeitet hat. Auf jeden Fall war nach dem Angriff des Rullus auf Pompeius auch der Parallelangriff auf Rabirius und damit auf Cicero gescheitert.

VIII. Der Aufstand der Catilinarier im Herbst 63

Catilina wird wohl kaum bedauert haben, dass seine Ersatzleute ihr Ziel verfehlten; umso mehr musste er aber

[106] Ebd. 19.

[107] Ebd. 31.

[108] Ebd. 27 f.

[109] Cicero, ad Atticum 2, 1, 3.

bedauern, dass Caesar und Crassus ihm mit deren Aufstellung bedeuteten, sie planten künftig ohne ihn. Zum Verlust mächtiger Unterstützer kam auch noch der Zeitdruck hinzu. Zu Beginn des Jahres 63 hatte Mithridates in seiner aussichtslosen Lage Selbstmord begangen.[110] Es war also mit der baldigen Rückkehr des Pompeius zu rechnen, und danach hätte Catilina keine Chance mehr, mit Gewalt die Macht zu ergreifen.[111] Da Catilina absehen konnte, dass er, wie auch tatsächlich eingetreten, im Sommer erneut nicht zum Konsul gewählt werde, bereitete er sich auf den illegalen Weg zur Macht vor. Die Catilinarier planten, alle Senatoren zu ermorden, auch viele andere Bürger, aber die Kinder des Pompeius zu schonen: Als Geiseln sollten sie den Catilinariern zu einer günstigen Übereinkunft mit ihrem Vater verhelfen.[112]

In seiner Ersten Catilinarischen Rede (§ 7) erinnerte Cicero die Senatoren, er habe am 21. Oktober 63 als Termin des Aufstandes den 28. Oktober 63 genannt. Wem er dieses Wissen verdankte, sagte Cicero zunächst noch nicht. Es war Crassus, der Briefe, die ihm anonym zugespielt waren, wegen ihres brisanten Inhalts unverzüglich noch in der Nacht auf den 21. Oktober an Cicero weiterleitete. Während der Krise schien es Cicero angeraten, seine Informanten zu schonen; erst später in seinem Epos *De consulatu suo* nannte er den Namen des Crassus.[113]

Crassus muss unbehaglich zumute gewesen sein; denn als Adressat der anonymen Briefe machte er sich verdächtig. Tatsächlich sagte der ehemalige Catilinaanhänger L. Tarquinius als Kronzeuge aus, Crassus habe zu den Sympathisanten Catilinas gehört. Das Gerücht, Cicero habe

[110] Appian, Mithridatische Kriege 111; Cassius Dio 37, 10, 4.

[111] Plutarch, Cicero 14, 1.

[112] Plutarch, Cicero 18, 1; vgl. Cicero, pro Sulla 51.

[113] Plutarch, Cicero 15, 1–2 und Crassus 13, 2–3.

Tarquinius zu dieser Aussage angestiftet, um Crassus daran zu hindern, seiner Gewohnheit gemäß sich für die Heruntergekommenen einzusetzen, nahm Crassus für bare Münze und verzieh es Cicero nie.[114]

Wenn wie anzunehmen Crassus Cicero im Einvernehmen mit Caesar informierte, dann fiel unwillkürlich auch auf diesen ein peinlicher Verdacht, der keineswegs sofort wieder vergessen war. Im Jahr 62 zeigte der Ritter L. Vettius wiederum als Kronzeuge Caesar beim Quaestor Novius Niger der Teilnahme an der Verschwörung an und versprach, als Beweis einen Brief vorzulegen, den Caesar eigenhändig an Catilina geschrieben habe. Caesar wies den Vorwurf unter Berufung auf Cicero zurück, dem er alle seine Kenntnisse über die Verschwörung schon freiwillig offenbart habe.[115]

Sallust versichert, Cicero sei nicht zu erweichen gewesen, Caesar zu Unrecht zu beschuldigen.[116] Cicero war gleichwohl überzeugt, dass Caesar und Crassus im Jahr 64 Catilinas entschiedene Wahlhelfer waren[117], und zählte sie in seiner erst postum erschienenen Schrift „*De consiliis suis*" zu den in die Verschwörung Verwickelten.[118] Wenn Cicero zuvor trotzdem schwieg, dann habe er es, so vermutet Appian, eben nicht gewagt, den populären Caesar zu verdächtigen.[119] Es kann aber auch sein, dass es zunächst keine wirklich zwingenden Beweise gab. Noch Plutarch urteilt, es sei unsicher, ob Caesar Catilina heimlich unterstützt habe.[120] Und wenn Cicero sich seiner Sache trotz-

114 Sallust, Catilina 48, 8–9.

115 Sueton, Caesar 17.

116 Sallust, Catilina 49, 1.

117 Siehe Anm. 64.

118 Plutarch, Crassus 13, 2.

119 Appian 2, 6.

120 Plutarch, Caesar 7, 4.

dem sicher war, kann er auch geschwiegen haben, weil er auf diese Weise Caesar von sich abhängig machte.

So oder so, Crassus und offenbar auch Caesar haben in der Stunde großer Gefahr die Rücksicht auf ihren persönlichen Leumund hintangestellt. Und Crassus informierte Cicero nicht allein über den für den 28. Oktober geplanten Aufstand in Rom, sondern auch über die für den 27. Oktober geplante Erhebung des C. Manlius mit einem Heer von Aufständischen in Etrurien. Auf diese letztere Information hin, die leichter Glauben fand als ein eher unwahrscheinlicher Aufruhr in Rom, fasste der Senat ein *senatus consultum ultimum.*[121] Bestätigt wurde die Information des Crassus eindrucksvoll, als nur wenige Tage später der Senator L. Saenius im Senat einen ihm aus Faesulae zugegangenen Brief des Inhalts verlas, dass C. Manlius am 27. Oktober die Waffen erhoben, also Rom den Krieg erklärt hätte.[122]

Der Aufstand in Rom wurde indes verschoben, weil Catilina unter Beobachtung stand. L. Aemilius Paullus hatte ihn aufgrund der *lex Plautia de vi*, also wegen Landfriedensbruchs angeklagt[123], und Catilina musste sich zu einer freiwilligen Privathaft verstehen, die ihn allerdings nicht allzu sehr einschränkte.[124] Während nun die Catilinarier im Untergrund weiterhin ihre Anschläge planten und ihre Kräfte am 1. November noch mit einem Angriffsversuch auf die Landstadt Praeneste verzettelten[125], stand Cicero erneut das Glück zur Seite – in Gestalt der Fulvia und des Q. Curius, die sich als zuverlässige Informanten erweisen sollten.

[121] Cicero, in Catilinam 1, 4; Sallust, Catilina 29, 1–2; Plutarch, Cicero 15, 4; Cassius Dio 37, 31, 2.

[122] Sallust, Catilina 30, 1–2.

[123] Ebd. 31, 4.

[124] Cicero, in Catilinam 1, 19; Cassius Dio 37, 32, 1–3.

[125] Cicero, in Catilinam 1, 8.

Fulvia, eine Edelkurtisane aus guter Familie, wurde mit Curius, ihrem verarmten und aus dem Senat ausgestoßenen Gespielen, immer unzufriedener, weil er ihr keine Geschenke mehr machen konnte. Als er sie vertröstete, er werde aus einem in Kürze zu erwartenden Umsturz als reicher Mann hervorgehen, wurde sie hellhörig, gab ihr Wissen an andere weiter und die wiederum an Cicero, der darauf das halbseidene Pärchen gegen Zusicherung hoher Belohnung dazu brachte, ihn direkt und nicht mehr durch Mittelsmänner über die Verschwörung auf dem Laufenden zu halten. Die Namen der beiden Informanten konnte Sallust erst zwanzig Jahre später nennen.[126] Cicero musste seine Quellen noch schützen und in Kauf nehmen, dass seine Beweise dann weniger überzeugend waren.

Fulvia und Curius bewährten sich ganz besonders, als die Catilinarier in der Nacht vom 6. auf den 7. November[127] im Haus des M. Porcius Laeca ihren endgültigen Beschluss zum Losschlagen fassten. Im Einzelnen legten sie fest, Cicero gleich am anderen Morgen[128] zu ermorden und danach in Rom ein Blutbad anzurichten. An zwölf geeigneten Stellen in der Stadt planten sie Brände zu legen, damit sie leichter der vorgesehenen Mordopfer habhaft werden könnten, wenn diese sich aus ihren Häusern zu retten versuchten.[129]

Als Curius bei der Versammlung der Verschwörer realisierte, in welcher Gefahr sich Cicero befand, sorgte er da-

[126] Sallust, Catilina 23, 4; 26, 3; 28, 2.

[127] Dieses Datum findet sich bei Cicero, pro Sulla 52; Näheres im Kommentar zu 1, 1.

[128] Zur Streitfrage, ob der Mord für den 7. oder den 8. November geplant war, vgl. den Kommentar zur Ersten Catilinarischen Rede (§1).

[129] Sallust, Catilina 43, 2; Cicero, in Catilinam 3,8 und pro Sulla 52; Florus 2, 12, 2. Die Kollokation caedes et incendium wird in allen vier Reden Ciceros gegen Catilina immer wieder auftauchen.

für, dass Fulvia ihn eilends noch in derselben Nacht über die Beschlüsse informierte. Daher wusste Cicero, dass der Ritter C. Cornelius und der Senator L. Vargunteius sich bereit erklärt hatten, ihn am Morgen zu ermorden. Sie würden die Sitte der morgendlichen Begrüßung (*salutatio*) nutzen, um unverfänglich Zutritt zu ihm zu bekommen. Da Fulvia ihn gewarnt hatte, konnte der Anschlag abgewehrt werden.[130]

Man kann sich unschwer ausmalen, mit welchem Zorn sich Cicero darauf in den Senat begab. Noch größer aber wurde sein Zorn, als er gewahr wurde, dass völlig überraschend auch Catilina im Senat saß. Als gewesener Praetor hatte er das Recht und machte Gebrauch davon, um sich reinzuwaschen und zu demonstrieren, dass er sich keineswegs im Lager des Manlius befand.[131] Unter diesen Vorzeichen also hielt Cicero seine erste Rede gegen Catilina, die, wie Sallust[132] ihm anerkennend bescheinigt, voller Substanz und für den Staat nützlich war.

IX. Ciceros Catilinarische Reden im Lichte der Regeln rhetorischer Dispositionskunst

Die antike Rhetoriktheorie bildet Wesen und Eigenschaften der Gattung Rede nach Maßgabe dessen, was in der Natur der Sache liegt, so schlechhin adäquat ab, dass das von ihr entwickelte Regelwerk für die moderne Rede noch ebenso gültig ist wie für die antike. Unglücklicherweise lässt sich allerdings das etablierte Regelwerk auf Ciceros Reden gegen Catilina nicht in jeder Hinsicht übertragen. Denn das Kernstück der Lehre, die angemessene Disposition einer

[130] Sallust, ebd. 28, 1–3; Plutarch, Cicero 16, 2.

[131] Sallust, Catilina 31, 4.

[132] Ebd. 31, 6.

Rede, wird mit Vorliebe im Blick auf die Gerichtsrede (*genus iudiciale*) vorgetragen und orientiert sich weniger an der Struktur der politischen Rede (*genus deliberativum*).

Das *prooemium (exordium)* hat die Funktion, Publikumskontakt (H. Lausberg) herzustellen und insbesondere um Wohlwollen und Sympathie der Geschworenen oder der Versammelten zu werben (*captatio benevolentiae*). Demgemäß lässt es sich in der Sache noch nicht ein, wiewohl es sein Motiv so wählen sollte, dass die inhaltlichen Ausführungen möglichst bruchlos daran anknüpfen können. Das für die Gerichtsrede konstitutive *prooemium* kann bei der politischen Rede ausfallen, wenn die Ereignisse drängen oder wenn eine Rede in eine schon laufende Debatte eingreift.

Die *narratio* (Berichterstattung, Tatbestandsaufnahme) soll so wertfrei wie zumutbar die Fragen *quis, quid, cur, ubi, quando, quemadmodum, quibus adminiculis* beantworten. Die Ausführungen der *narratio* sollen kurz und knapp, klar und deutlich, wahrscheinlich und glaubwürdig sein. Die *narratio* beschränkt sich auf die unbestreitbaren Fakten und überlässt das Druchfechten des Streitigen der *argumentatio*. Den Übergang bildet die *propositio*, die thesenartig die Kernaussage der *narratio* formuliert und damit der *argumentatio* das Beweisziel vorgibt. Der politische Redner kann auf die *narratio* verzichten, wenn den Zuhörern bekannt ist, zu welchem Thema er Stellung bezieht.

Die *argumentatio* begründet als Hauptteil der Rede, warum in welcher Weise die offenen Streitfragen im Sinne des plädierenden Anwalts oder Politikers zu entscheiden sind. In dieser Absicht stützen die Beweise (*argumenta, probationes*) die eigene Position (*confirmatio*) oder widerlegen die Position der Gegenpartei (*refutatio, reprehensio*). Der kluge Redner strapaziert die Aufmerksamkeit der Zuhörer nicht über die Maßen und wird auf keinen Fall mehr als drei *argumentationes* vortragen.

Im Schlussteil (*peroratio, conclusio*) wird nicht mehr argumentiert, sondern an die Kerngedanken der Rede erinnert, die die Angesprochenen bei ihrer Entscheidung bedenken sollen. Das kann ganz nüchtern geschehen, aber auch in der Absicht, Affekte zu erregen – Mitleid oder Empörung, wenn die Geschworenen über Gerecht oder Ungerecht zu entscheiden haben, dagegen Zuversicht oder Furcht, wenn die Versammelten in einer politischen Angelegenheit zu entscheiden haben. Denn bei Zustimmung zur Forderung des Redners sollen sie guter Hoffnung sein, aber bei einem Nein das Schlimmste befürchten. Die *peroratio* ist also streng genommen der wichtigste Teil der Rede, denn deren Wirkung auf die Zuhörer entscheidet über Erfolg oder Misserfolg. Ein besonderes Lob verdient die *peroratio*, wenn es ihr gelingt, überraschend und zugleich steigernd auf den Anfang zurückzukommen. Das ist nicht nur ein literarischer Aspekt; ein solcher meist überraschender Rückgriff soll insbesondere Eindruck im Hinblick auf das gewünschte Abstimmungsergebnis machen.

Neben den fünf notwendigen Elementen der Rede – *prooemium, narratio, propositio, argumentatio, peroratio* – gibt es noch ein nichtnotwendiges Element, nämlich den Exkurs (*egressio, digressio, parekbasis*), der kontextgerecht auf Beispiele, Parallelen, Präzedensfälle verweist, um angesichts gleichwohl nicht zu leugnender Unterschiede das Besondere eines bestimmten Sachverhalts herauszuarbeiten. Mit einer *egressio* operiert der Redner gerne im Umkreis der *narratio*; aber auch im Rahmen der *argumentatio* wird die *egressio* eingefügt, wenn der Redner unterstellt, gegen das soeben vorgetragene Argument könne doch ein Hörer innerlich einen bestimmten Einwand hegen, und diesen Einwand im Folgenden natürlich entkräftet.

Das Dispositionsschema für die gelungene Rede, das Kernstück also der Rhetoriktheorie, ist offensichtlich auf den Gerichtshof zugeschnitten und setzt voraus, dass der Redner sich in hilfreicher Muße auf sein Plädoyer vorbereiten kann. Cicero hingegen konnte sich auf keinen Fall in Muße auf seine Reden gegen Catilina vorbereiten. Für die erste Rede im Tempel des Iuppiter Stator konnte er sich allenfalls auf dem Weg in den Senat überlegt haben, in der *narratio* über das am selben Morgen gescheiterte Attentat zu berichten und in der *argumentatio* seine abwartende Haltung gegenüber Catilina zu verteidigen (*confirmatio*) beziehungsweise die Argumente der Senatoren, die ihm zu viel Langmut vorhielten, zu entkräften (*refutatio*). Als Cicero aber den Senat betrat, musste er sein hastig entworfenes Konzept sogleich wieder umwerfen; denn da saß für ihn völlig unerwartet Catilina. Also trat an die Stelle einer an den Senat adressierten Vorrede eine Invektive gegen Catilina; und im Folgenden war es vorrangig, Catilina zu kompromittieren und zum Verlassen der Stadt aufzufordern. Die Argumente, die Cicero dem Senat bezüglich seiner bisher an den Tag gelegten Haltung gegenüber der Verschwörung vortragen wollte, konnte er nur noch hier und da in seine ihm überraschend aufgenötigte Philippika gegen Catilina einflechten.

Die zweite Rede hielt Cicero vor dem Volk am Tag nach der ersten. Auf diese Rede wird sich Cicero allenfalls minimal haben vorbereiten können; denn den Tag der ersten Rede wird Cicero naturgemäß noch mit einer Fülle von Gesprächen, Anordnungen und Maßnahmen verbracht haben. Für die dritte Rede, die er wiederum vor dem Volk hielt, hatte Cicero überhaupt keine Vorbereitungszeit. In einer im Blick auf den späteren Leser geschickt gewählten Erzählperspektive berichtet Cicero in dieser Rede am Nachmittag dem Volk, wie es ihm am Vormittag desselben Tages im Senat gelungen war, die in Rom verbliebenen Catilinarier zu enttarnen. Auf die vierte Rede, gehalten im Tempel der Concordia, konnte sich Cicero nicht eine Minute vorbereiten; denn sie griff in eine schon laufende Senatsdebatte ein.[133]

Wenn trotz der strukturell bedingten Schwierigkeiten einer politischen Rede das eingebürgerte Gliederungsschema in Ciceros Ausführungen immer noch deutlich durchscheint, dann zeigt das, wie tief er die Systematik des rhetorischen Regelwerks verinnerlicht hatte. Das literarische Geschick, mit dem es Cicero später gelang, die dramatischen Vorgänge in vier zusammenhängende Reden zu bannen, steht hinter der rhetorischen Leistung allerdings kaum zurück.

X. Die vergebliche Agitation des Metellus Nepos gegen Cicero

Cicero hatte die im Senat überführten Häupter der Catilinarier – Lentulus, Cethegus, Statilius, Gabinius und Caeparius – am 5. Dezember 63 gleich nach der entscheidenden Senatssitzung hinrichten lassen, ohne ihnen die *provocatio* an das Volk zuzugestehen. Obwohl Cicero gedeckt war durch das *s.c.u.*, obwohl die Catilinarier zu *hostes*[134] erklärt waren, obwohl alle Senatoren außer Caesar dem Todesurteil zugestimmt hatten, sollte Cicero gleichwohl die unverzügliche Vollstreckung noch zum Verhängnis werden.

Schon am Tag seines Ausscheidens aus dem Amt am 29. Dezember 63 bekam Cicero das zu spüren. Der Volkstribun Q. Caecilius Metellus Nepos verweigerte ihm das Recht, zum Abschied eine Rede an das Volk zu halten, und gestattete ihm lediglich, den üblichen Eid auf die

[133] Zum Anlass der Senatsdebatte vgl. den Kommentar zu 4, 1.

[134] Vgl. den Zusatztext zur zweiten Rede (Sallust, Catilina 36, 1–3) und den Kommentar zu 1, 5.

Korrektheit seiner Amtsführung abzulegen. Cicero akzeptierte diese Bedingung und schwor für Nepos unerwartet, er sei es gewesen, der das Vaterland gerettet habe. Darauf bestätigte, für Nepos besonders empörend, die Menge auch noch, Cicero habe völlig zu Recht geschworen, und begleitete ihn unter Jubel nach Hause.[135]

Für Caesar und Nepos dürfte dieser Jubel ein großes Ärgernis gewesen sein, zumal es Cicero ein Jahr zuvor mit seinen Reden gegen Rullus schon einmal gelungen war, auf Unkosten der eingefleischten Monopolpopularen das Volk auf seine Seite zu bringen. Nur wenige Tage später holte Nepos daher zum zweiten Schlag aus und verklagte Cicero wegen Hinrichtung der Catilinarier ohne Zustimmung des Volkes. Als Antwort sicherte der Senat allen an der Niederwerfung exekutiv Beteiligten Straffreiheit zu und beschloss zusätzlich, fortan jeden als *hostis* zu betrachten, der noch einmal einen der Beteiligten zur Rechenschaft zöge.[136]

Nepos verhehlte in jener dramatischen Senatssitzung keineswegs das Motiv seiner Attacke, dass er nämlich als Agent des Pompeius handele. Nachdem er bei ihm in den Jahren 67 bis 63 als Legat gedient hatte, war er schon vorzeitig nach Rom zurückgekehrt, um in der Stadt als Volkstribun die Interessen des Pompeius zu vertreten und insbesondere für Zuteilung von Parzellen an seine Veteranen zu werben. In dieser Funktion wünschte er nicht Cicero, sondern Pompeius als Retter Roms und beantragte daher, Pompeius mit seinen Legionen nach Italien zurückzurufen, damit er die Lage wieder beruhigen könne.[137] Für diesen Antrag wurde es auch hohe Zeit;

[135] Cicero, ad Atticum 1, 16, 4–5; ad familiares 5, 2, 6–7; Cicero, in Pisonem 6–7; Plutarch, Cicero 23, 1–2; Cassius Dio 37, 38, 2.

[136] Cassius Dio 37, 42, 1–3.

[137] Plutarch, Cicero 23, 2 und Cato minor 26, 2; Cassius Dio 37, 43, 1.

denn es war zu erwarten, dass Ciceros Kollege Antonius, der mit einem konsularischen Heer nach Etrurien ausgerückt war, die Privatarmee des Catilina und Manlius in Kürze ohnehin besiegen werde. Und dieser Sieg wurde ja auch tatsächlich noch im Februar 62 errungen. Antonius schickte zum Beweis Catilinas abgetrennten Kopf nach Rom, nahm damit den Bürgern die Furcht und erhielt den Titel *imperator.*[138]

Als nun die Volkstribunen Cato d.J. und Q. Minucius Thermus gegen den Antrag ihres Kollegen Nepos unter tumultartigen Begleitumständen, aber letzten Endes mit Erfolg interzedierten, übertrug der Senat den neuen Konsuln den Schutz des Gemeinwesens. Nepos verstand natürlich den Wink und reiste sogleich ab zu Pompeius, obwohl er sich in seinem Amt keinen Tag aus Rom entfernen durfte.[139]

Cicero konnte zufrieden sein; und er behielt auch noch in anderer Hinsicht Oberwasser. Es kam mehrfach vor, dass Väter von ihrem *ius vitae necisque* Gebrauch machten und ihre eigenen Söhne erschlugen, wenn sie sich der Verschwörung zur Verfügung gestellt hatten.[140] Andere Catilinarier wurden vor Gericht mit Hilfe von Kronzeugen überführt[141], unter anderen M. Laeca, in dessen Haus das Attentat auf Cicero beschlossen wurde, und C. Cornelius, der sich bereit erklärt hatte, das Attentat auszuführen.[142] Cicero selbst trat in mehreren Prozessen als Zeuge auf[143], verteidigte aber auch jenen P. Cornelius Sulla, der wegen *ambitus* im Jahre 65 das Konsulat nicht antreten

[138] Cassius Dio 37, 40, 2.

[139] Plutarch, Cato minor 27–28; Cassius Dio 37, 43, 2–4.

[140] Cassius Dio 37, 36, 4.

[141] Ebd. 37, 41, 2–4.

[142] Cicero, pro Sulla 18.

[143] Ebd. 11, 21, 48, 83.

durfte, erfolgreich gegen die Anklage der Mittäterschaft. Livius und Cassius Dio hatten wohl zu Unrecht sowohl Autronius als auch Sulla zu den Verschwörern gerechnet.

Der für Cicero günstige Aufwärtstrend erfuhr zunächst kaum merklich, jedoch nach dem Auftritt des Metellus Nepos wenig überraschend eine erste Abschwächung, als Pompeius mit seinen Truppen in Brundisium landete und diese korrekterweise aus dem Dienst entließ, zumal er nicht wollte, dass die Römer fürchteten, er werde nunmehr ebenso wüten wie einst Marius und Sulla.[144] Für Cicero bedeutete das allerdings noch keine Entwarnung. Denn trennend zwischen ihm und Pompeius stand die offene Streitfrage, ob eine Rettungstat mit politischen Mitteln oder eine Rettungstat mit militärischen Mitteln höher einzuschätzen sei; und damit wiederum verband sich noch konkreter die Frage, ob der Senat oder der Feldherr die Bedingungen der Veteranenversorgung diktieren darf.

Naturgemäß setzte sich Pompeius für seine Soldaten ein, aber der Senat lehnte seine Vorschläge ab[145], offenbar auch mit Unterstützung des Crassus.[146] Auch Cicero ging, wollte er seinen Grundsätzen treu bleiben, auf Distanz zum Ansinnen des Pompeius. In einem Brief vom 15. März 60 urteilt er, Pompeius wolle mit seinem Programm nur seine Macht absichern. Er aber werde Pompeius nur nachgeben, wenn er akzeptierte, dass seine Veteranen unbewohnte Gebiete besiedelten; denn er sei nicht bereit, das Privateigentum von Grundbesitzern anzutasten.[147]

Pompeius konnte nicht entgangen sein, dass Cicero in der Frage der Veteranenversorgung nicht auf seiner Seite stand. Umgekehrt ließ auch Cicero in seinen Briefen an

[144] Cassius Dio 37, 20, 6.

[145] Ebd. 37, 50, 5–6.

[146] Plutarch, Lucullus 42, 5; vgl. Cassius Dio 37, 54, 3.

[147] Cicero, ad Atticum 1, 19, 4.

Atticus durchblicken, dass sein Verhältnis zu Pompeius eher ambivalent war, dass also eine Differenz bestand, die jedoch möglichst nicht auszusprechen war. Am 1. Januar 61 versicherte Cicero aber geradezu beschwörend, Pompeius sei sein bester Freund.[148] Am 25. Januar 61 teilte er Atticus mit, Pompeius schätze ihn über die Maßen, beneide ihn aber so deutlich, dass es nicht zu übersehen sei.[149] Am 13. Februar 61 berichtete Cicero, wie Pompeius im Senat in kühler Sachlichkeit seine Maßnahmen gegen die Catilinarier als akzeptabel bewertete und Crassus darauf, Pompeius übertrumpfend, emphatisch ausrief, er verdanke Cicero alles, was er habe, den Sitz im Senat, das Bürgerrecht, die Freiheit, das Leben.[150] Laut Schreiben vom 15. März 60 hat Cicero Pompeius schließlich dazu gebracht, dass er ihm ebenfalls wortreich und mehrfach das Verdienst zuerkannte, er habe das Reich gerettet.[151]

In seinem Brief vom 3. Juni 60 wirkte Cicero wie befreit: Die *lex agraria* stehe nicht mehr auf der Tagesordnung; er selbt sei bei seinen Maximen geblieben und habe dafür gesorgt, dass Pompeius seine populare Leichtfüßigkeit abgelegt habe. Pompeius rühme ihn jetzt schon mehr als sich selbst: *sibi enim bene gestae, mihi conservatae rei publicae dat testimonium.*[152] Schön wäre es, fügte Cicero hinzu, wenn ihm jetzt auch noch die Besserung Caesars gelänge.

Cicero konnte nach diesem Gang der Dinge annehmen, dass mit weiteren Nachwirkungen der Catilinarischen Verschwörung nicht mehr zu rechnen sei. Metellus Nepos war zum Schweigen gebracht; Pompeius und Crassus hatten

148 Ebd. 1, 12, 3.

149 Ebd. 1, 13, 4.

150 Ebd. 1, 14, 3.

151 Ebd. 1, 19, 7.

152 Ad Atticum 2, 1, 6; vgl. zu dieser Formulierung Cicero, in Catilinam 2, 14; 3, 15; 4, 20.

sich zu Cicero bekannt. Da konnte er aus der Rückschau Bilanz ziehen und an einer Chronik der Ereignisse arbeiten. Mit Datum vom 20. Januar 60 kündigte er Atticus einen Griechisch abgefassten *commentarius consulatus mei* an; die lateinische Fassung werde folgen; außerdem sei noch ein Epos *De consulatu suo* zu erwarten.[153] Im Brief vom 15. März 60 versichert Cicero, er werde historisch arbeiten und nicht enkomiastisch ein reines Selbstlob vortragen.[154] Wenig später zeigte sich Cicero überzeugt, die Griechen werden ihn um sein Griechisch beneiden und Hemmungen entwickeln, danach noch eigene Schriften zu veröffentlichen.[155] Selbst Poseidonios wage nicht mehr, über sein Konsulat zu schreiben.[156]

Ciceros starke Neigung zum Selbstlob ist ihm häufig vorgeworfen worden. Diese Neigung ist als Tatsache nicht zu leugnen, sollte aber nicht nur unter dem Aspekt einer persönlichen Schwäche gesehen, sondern in ihren politischen Kontext gestellt werden. Als Cicero den Kampf gegen Catilina aufnahm, machte er die Erfahrung, dass er nahezu alleine dastand. Als die schlimmste Gefahr dank seines Handelns überstanden war, sah er sich erneut heftigen Attacken seitens des Volkstribunen Nepos und anderer ausgesetzt. Zudem war auf sein eigenes politisches Lager kein Verlass: Das Einvernehmen zwischen Senat und Rittern, auf das sich Cicero stützte, schien ihm instabil[157]; und die Angehörigen des alten Adels, von Cicero als Fisch-

[153] Cicero, ad Atticum 1, 19, 10. Von wenigen Einzelsätzen abgesehen ist nur eine längere Passage aus dem Epos als Zitat in Ciceros Dialog De divinatione (1, 17–22) erhalten. Vgl. hierzu den Kommentar zur Dritten Catilinarischen Rede 3, 18.

[154] Cicero, ad Atticum 1, 19, 10.

[155] Ebd. 1, 20, 6 (Ende Mai 60).

[156] Ebd. 2, 1, 2 (3. Juni 60).

[157] Ebd. 1, 17, 10 (5. Dezember 61).

teichbesitzer *(piscinarii)* apostrophiert, waren in ihrer Haltung ihm gegenüber von unverhohlenem Neid geprägt,[158] also von einer nur widerwillig gezollten Anerkennung. Unter diesen Umständen musste Cicero schon zur Selbstvergewisserung politisch mit sich ins Reine kommen und dies gelegentlich mit dem rhetorischen Mittel der Überhöhung gerade auch nach außen demonstrieren.

Zugleich war dem erfahrenen Politiker Cicero bewusst, dass eine allenfalls publizistische Absicherung nicht genügte. Er brauchte in seiner immer noch bestehenden Isolation in ganz besonderem Maße einen starken Verbündeten. In diesem Sinne gehörten seine Selbstdarstellung und sein Werben um Pompeius zusammen wie die Vorderseite und die Rückseite derselben Medaille. Als tragisch sollte sich für Cicero indes erweisen, dass er irrtümlich davon ausging, ihm sei auch das Letztere geglückt. Er hatte offenbar nicht mit der Möglichkeit gerechnet, dass Pompeius sich nur für den Augenblick zurückhielt, weil der Senat ihm derzeit in der Frage der Veteranenversorgung doch nicht entgegenkäme, und dass er nur geduldig abwartete, bis eine neue, für sein Anliegen günstigere Machtkonstellation zustande käme. Genau das sollte aber gegen Ende des Jahres 60 geschehen, als sich abzeichnete, dass Cicero mit seiner Schlussbilanz zu früh begonnen hatte, weil Caesar, Crassus und Pompeius beschlossen, ein Triumvirat einzugehen. Das Thema der Catilinarischen Verschwörung war damit doch noch nicht Geschichte; denn die Triumvirn ließen Ciceros Verbannung, die Rache der Popularen für die Hinrichtung der Catilinarier, widerstandlos geschehen.

[158] Ebd. 1, 17, 10; 1, 19, 6 (15. März 60); 1, 20, 3 (Mai 60).

XI. Ciceros Verbannung – das Werk der Triumvirn und des P. Clodius Pulcher

Kollegien von tresviri gab es auch schon vor dem sog. Ersten Triumvirat. Sie hatten eine klar definierte Aufgabe zu erfüllen wie die Geldbeschaffung für die Kriegskasse,[159] die Gründung einer Kolonie[160] oder die Aufrechterhaltung der innerstädtischen Ordnung.[161] Auch das im Jahre 43 geschlossene Zweite Triumvirat zwischen Octavian, Antonius und Lepidus hatte zumindest dem Namen nach die Vorgabe einer bestimmten Zielsetzung, hießen sie doch offiziell tresviri rei publicae constituendae.[162] Dagegen gaben sich Caesar, Crassus und Pompeius gar nicht erst die Mühe, ihrem Zusammenschluss einen bestimmten Auftrag zuzuordnen. Sie waren wahlweise eine potentiae societas,[163] eine conspiratio inter tres civitatis principes[164] oder eine societas, die sich geeinigt hatte, es solle im Staat nichts geschehen, was einem der Drei missfiele: ne quid ageretur in re publica, quod displicuisset ulli e tribus.[165]

Caesar war es also wahrscheinlich schon vor Antritt seines Konsulats am 1. Januar 59 gelungen, Crassus und Pompeius miteinander auszusöhnen. Dass sich Caesar intensiv darum bemühte, teilte Cicero Atticus im Dezember 60 in einem Brief mit.[166] Manifest wurde das Zusammenspiel der Triumvirn, als auch Crassus für die *lex Iulia*

[159] Livius 23, 21.
[160] Ebd. 1, 3, 5–6.
[161] Ebd. 25, 1, 10.
[162] Livius, periochae 120; Velleius Paterculus 2, 88, 1; Cornelius Nepos, Vita des Atticus 12, 2; Gellius 3, 9, 4.
[163] Velleius Paterculus 2, 44, 1.
[164] Livius, periochae 103.
[165] Sueton, Caesar 19, 2.
[166] Cicero, ad Atticum 2, 3, 3.

eintrat, die die Zuweisung von Parzellen an die Veteranen des Pompeius regelte.[167]

Als Anwalt des Eigentumsrechts konnte Cicero dem Triumvirat nicht beitreten und war dadurch politisch vollends isoliert. Das hinderte ihn nicht, gegen die Politik der Triumvirn zu opponieren, die ihn deshalb gerne mundtot gemacht hätten. Damit aber war die notwendige Bedingung seiner Verbannung schon erfüllt. Verkörpert wurde diese Bedingung eben durch Caesar und Crassus, denen Cicero in seiner postum veröffentlichten Schrift *de consiliis suis* auch die Hauptschuld an seiner Verbannung zuschrieb.[168] Wenn es so war, dann mussten sich die beiden Triumvirn allerdings nicht selbst die Finger schmutzig machen. Das nahm ihnen ihr Agent P. Clodius Pulcher ab, der mit seinen gegen Cicero gerichteten Anträgen die hinreichende Bedingung der Verbannung erfüllte.

Die persönliche Feindschaft zwischen Cicero und Clodius schwelte schon seit geraumer Zeit. Ende des Jahres 62 hatte sich Clodius, dem schon ein Inzest mit seiner Schwester nachgesagt wurde, in das Haus des Praetors Caesar eingeschlichen, als dort Pompeia als Praetorengattin eine geheimkultische Begehung für die Bona Dea zelebrierte, zu der ausschließlich Frauen zugelassen waren. Das war für Clodius wohl eine unwiderstehliche Herausforderung, der er nachgab und nur mit genauer Not von einer Sklavin gerettet wurde, als er trotz seiner Frauenkleidung als Mann erkannt wurde.[169] Caesar unternahm nichts gegen Clodius, ließ sich aber von Pompeia scheiden, da gegen seine Frau nicht einmal ein Verdacht bestehen dürfe[170], dass sie

[167] Cassius Dio 38, 5, 5.

[168] Ebd. 39, 10, 2.

[169] Cicero ad Atticum 1, 12, 3 und de haruspicum responso 44; etwas ungenauer bei Plutarch, Cicero 28 und Caesar 10.

[170] Plutarch, Caesar 10, 6.

nämlich, was Caesar nicht sagte, eine heimliche Affäre mit Clodius hätte.

Dieser Religionsfrevel des Clodius wurde zum Auslöser seines Streits mit Cicero. Als Clodius sich in dem Gerichtsverfahren, dem er sich wegen des Skandals stellen musste, dahingehend einließ, er sei am fraglichen Tag nicht in Rom gewesen und könne daher das ihm Angelastete gar nicht begangen haben, sagte Cicero als Zeuge aus, Clodius sei an ebendiesem Tag in seinem Haus gewesen, weil er in einer bestimmten Angelegenheit seinen Rat suchte.[171] Trotz Ciceros Zeugnis wurde Clodius freigesprochen, da er ausreichend Mittel zur Richterbestechung aufgewendet hatte.[172] Cicero aber avancierte von nun an zu seinem Intimfeind.

Clodius hatte Cicero nicht nur einen Freispruch zweiter Klasse zu verdanken. Er hatte sich auch von Cicero öfter anhören müssen, er sei mit Catilina im Bunde gewesen und sei auch schon im Begriff gewesen, ihm nach Faesulae zu folgen, habe es sich aber erst im letzten Augenblick noch anders überlegt.[173] Da hatte sich in Clodius einiges aufgestaut, das sich endlich entladen konnte, als er im Dezember 59 das Amt eines Volkstribunen antrat.

Clodius wartete nicht lange, den gegen Cicero gerichteten Gesetzesantrag zu stellen, jeder Amtsinhaber sei zu verbannen, der einen römischen Bürger ohne Urteilsbestätigung durch das Volk hinrichten lasse[174]; und dieses Gesetz solle auch rückwirkend gelten.[175] Im Antrag fiel Ciceros Name nicht; aber niemandem war unklar, auf wen

[171] Cicero, Rede für Milo 46; Valerius Maximus 8, 5, 5; Plutarch, Cicero 29, 1.

[172] Cicero, ad Atticum 1, 16, 1–9 und Rede für Milo 87; Plutarch, Cicero 29,6.

[173] Asconius p. 44 (K/Sch) oder p. 50 (Clark).

[174] Velleius Paterculus 2, 45, 1.

[175] Cassius Dio 38, 14, 1.

er gemünzt war. Starke Verbündete, die Cicero hätten unterstützen können, hatte er nicht, zumal er sich zu allem Überfluss auch noch geweigert hatte, dem Kollegium der *viginti viri dividendo agro Campano* beizutreten.[176]

Als Konsul gab auch Caesar ganz im Sinne des Clodius vor der Volksversammlung eine Erklärung ab, es sei rechtswidrig, wenn Römer ohne Gerichtsverfahren zu Tode gebracht würden.[177] Obwohl Caesar sich damit öffentlich gegen Cicero ausgesprochen hatte, wollte er es nicht zum Äußersten kommen lassen und riet ihm privat, er solle freiwillig ins Exil gehen, statt in Rom sein Leben aufs Spiel zu setzen, und bot ihm sogar alternativ eine ehrenvolle Stellung als Legat in seinem Heer an.[178] Pompeius hingegen ließ sich verleugnen, indem er Rom für einige Kurzreisen verließ, und Crassus äußerte zwar Sympathien für Cicero, schloss sich aber der Menge an[179], um als popularer Politiker glaubhaft zu bleiben.

Unter diesen Umständen konnte Clodius unbedrängt seine Agitation mit Rollkommandos verschärfen. Daraufhin rieten Cicero nach Caesar auch seine Freunde, er solle die Stadt verlassen, noch bevor der Antrag des Clodius Gesetzeskraft erhalten hätte und ihm darauf basierend der Prozess gemacht würde.[180] Tatsächlich reiste Cicero ins Exil nach Thessaloniki, während Clodius sein Stadthaus auf dem Palatin und sein Landhaus Tusculum niederbrennen ließ.[181] Als Clodius die Grundstücke zum Verkauf anbot, musste er erfahren, wie man auch indirekt Widerstand leisten kann; denn niemand wollte die

[176] Velleius Paterculus 2, 45, 2.

[177] Plutarch, Cicero 30, 4.

[178] Cicero, ad Atticum 2,18, 3; Cassius Dio 38, 15, 2.

[179] Cassius Dio 38, 17, 3.

[180] Plutarch, Cicero 31, 4–5.

[181] Cicero, in Pisonem 26.

Grundstücke kaufen.[182] Mehr noch – schon diese Weigerung ließ den bald einsetzenden Stimmungsumschwung zugunsten Ciceros ahnen, den Clodius mit seinem haltlosen Wüten nur noch beschleunigte. Crassus söhnte sich nun offen mit Cicero aus[183], und Pompeius setzte sich sogar energisch für Ciceros Rückkehr ein[184], weil er hoffte, er werde sich jetzt nicht mehr gegen das Triumvirat wenden und helfen, Clodius endlich in die Schranken zu weisen.[185]

Tatsächlich kehrte Cicero nach sechzehn Monaten im griechischen Exil im September 57 triumphal nach Rom zurück. Am Stadttor wurde er von einer jubelnden Menge empfangen, die einen ganzen Tag mit seiner Begrüßung verbrachte.[186] Seine beiden Villen wurden auf Staatskosten wieder aufgebaut.[187] Diesem guten Ende standen indes fast volle sechs Jahre entgegen, die Cicero warten musste, bis er endlich die Niederwerfung der Catilinarischen Verschwörung mit all ihren unerquicklichen Folgen als abgeschlossen betrachten konnte.

[182] Plutarch, Cicero 33, 1.
[183] Plutarch, Cicero 33, 5.
[184] Plutarch, Cicero 33, 1–2 und Pompeius 49, 1–4.
[185] Appian 2, 16.
[186] Ebd.
[187] Velleius Paterculus 2, 45, 3; Plutarch, Cicero 33, 4.

M. TULLI CICERONIS
ORATIO IN CATILINAM PRIMA
IN SENATU HABITA

invectio

(1) Quo usque tandem abutere, Catilina, patientia nostra? Quam diu etiam furor iste tuus nos eludet? Quem ad finem sese effrenata iactabit audacia? Nihilne te nocturnum praesidium Palatii, nihil urbis vigiliae, nihil timor populi, nihil concursus bonorum omnium, nihil hic munitissimus habendi senatus locus, nihil horum ora vultusque moverunt? Patere tua consilia non sentis? Constrictam iam horum omnium scientia teneri coniurationem tuam non vides? Quid proxima, quid superiore nocte egeris, ubi fueris, quos convocaveris, quid consilii ceperis, quem nostrum ignorare arbitraris?

(2) O tempora, o mores! Senatus haec intellegit, consul videt; hic tamen vivit. Vivit? immo vero etiam in senatum venit, fit publici consilii particeps, notat et designat oculis ad caedem unum quemque nostrum. Nos autem fortes viri satis facere rei publicae videmur, si istius furorem ac tela vitamus. Ad mortem te, Catilina, duci iussu consulis iam pridem oportebat, in te conferri pestem, quam tu in nos omnes iam diu machinaris.

egressio

(3) An vero vir amplissumus, P. Scipio, pontifex maximus, Ti. Gracchum mediocriter labefactantem statum rei publicae privatus interfecit; Catilinam orbem terrae caede atque incendiis vastare cupientem nos consules perferemus? Nam illa nimis antiqua praetereo, quod C.

Servilius Ahala Sp. Maelium novis rebus studentem manu sua occidit. Fuit, fuit ista quondam in hac re publica virtus, ut viri fortes acrioribus suppliciis civem perniciosum quam acerbissimum hostem coercerent. Habemus senatus consultum in te, Catilina, vehemens et grave, non deest rei publicae consilium neque auctoritas huius ordinis; nos, nos, dico aperte, consules desumus.

(4) Decrevit quondam senatus, ut L. Opimius consul videret, ne quid res publica detrimenti caperet; nox nulla intercessit; interfectus est propter quasdam seditionum suspiciones C. Gracchus, clarissimo patre, avo, maioribus, occisus est cum liberis M. Fulvius consularis. Simili senatus consulto C. Mario et L. Valerio consulibus est permissa res publica: num unum diem postea L. Saturninum tribunum plebis et C. Servilium praetorem mors ac rei publicae poena remorata est? At vero nos vicesimum iam diem patimur hebescere aciem horum auctoritatis. Habemus enim eius modi senatus consultum, verum inclusum in tabulis tamquam in vagina reconditum, quo ex senatus consulto confestim te interfectum esse, Catilina, convenit. Vivis, et vivis non ad deponendam, sed ad confirmandam audaciam. Cupio, patres conscripti, me esse clementem, cupio in tantis rei publicae periculis me non dissolutum videri, sed iam me ipse inertiae nequitiaeque condemno. (5) Castra sunt in Italia contra populum Romanum in Etruriae faucibus conlocata, crescit in dies singulos hostium numerus; eorum autem castrorum imperatorem ducemque hostium intra moenia atque adeo in senatu videtis intestinam aliquam cotidie perniciem rei publicae molientem. Si te iam, Catilina, comprehendi, si interfici iussero, credo, erit verendum mihi, ne non potius hoc omnes boni serius a me quam quisquam crudelius factum esse dicat. Verum ego hoc, quod iam pridem factum esse

oportuit, certa de causa nondum adducor ut faciam. Tum denique interficiere, cum iam nemo tam improbus, tam perditus, tam tui similis inveniri poterit, qui id non iure factum esse fateatur.

(6) Quam diu quisquam erit, qui te defendere audeat, vives, et vives ita, ut nunc vivis, multis meis et firmis praesidiis obsessus, ne commovere te contra rem publicam possis. Multorum te etiam oculi et aures non sentientem, sicut adhuc fecerunt, speculabuntur atque custodient. Etenim quid est, Catilina, quod iam amplius exspectes, si neque nox tenebris obscurare coetus nefarios nec privata domus parietibus continere voces coniurationis tuae potest? Si inlustrantur, si erumpunt omnia? Muta iam istam mentem, mihi crede, obliviscere caedis atque incendiorum. Teneris undique; luce sunt clariora nobis tua consilia omnia; quae iam mecum licet recognoscas.

narratio

(7) Meministine me ante diem XII. Kalendas Novembres dicere in senatu fore in armis certo die, qui dies futurus esset ante diem VI. Kal. Novembres, C. Manlium, audaciae satellitem atque administrum tuae? Num me fefellit, Catilina, non modo res tanta, tam atrox tamque incredibilis, verum, id quod multo magis est admirandum, dies? Dixi ego idem in senatu caedem te optimatium contulisse in ante diem V. Kalendas Novembres, tum cum multi principes civitatis Roma non tam sui conservandi quam tuorum consiliorum reprimendorum causa profugerunt. Num infitiari potes te illo ipso die meis praesidiis, mea diligentia circumclusum commovere te contra rem publicam non potuisse, cum tu discessu ceterorum nostra tamen, qui remansissemus, caede

te contentum esse dicebas? (8) Quid? Cum te Praeneste Kalendis ipsis Novembribus occupaturum nocturno impetu esse confideres, sensistine illam coloniam meo iussu meis praesidiis, custodiis, vigiliis esse munitam? Nihil agis, nihil moliris, nihil cogitas, quod non ego non modo audiam, sed etiam videam planeque sentiam. Recognosce mecum tandem noctem illam superiorem; iam intelleges multo me vigilare acrius ad salutem quam te ad perniciem rei publicae. Dico te priore nocte venisse inter falcarios – non agam obscure – in M. Laecae domum; convenisse eodem complures eiusdem amentiae scelerisque socios. Num negare audes? Quid taces? Convincam, si negas. Video enim esse hic in senatu quosdam, qui tecum una fuerunt.

(9) O di immortales! Ubinam gentium sumus? Quam rem publicam habemus? In qua urbe vivimus? Hic, hic sunt in nostro numero, patres conscripti, in hoc orbis terrae sanctissimo gravissimoque consilio, qui de nostro omnium interitu, qui de huius urbis atque adeo de orbis terrarum exitio cogitent! Hos ego video consul et de re publica sententiam rogo et, quos ferro trucidari oportebat, eos nondum voce vulnero! Fuisti igitur apud Laecam illa nocte, Catilina, distribuisti partes Italiae, statuisti, quo quemque proficisci placeret, delegisti, quos Romae relinqueres, quos tecum educeres, discripsisti urbis partes ad incendia, confirmasti te ipsum iam esse exiturum, dixisti paulum tibi esse etiam nunc morae, quod ego viverem. Reperti sunt duo equites Romani, qui te ista cura liberarent et se illa ipsa nocte paulo ante lucem me in meo lectulo interfecturos esse pollicerentur. (10) Haec ego omnia vixdum etiam coetu vestro dimisso comperi; domum meam maioribus praesidiis munivi atque firmavi, exclusi eos, quos tu ad me salutatum mane miseras, cum illi ipsi venissent, quos ego iam multis ac summis viris ad me id temporis venturos esse praedixeram.

argumentatio prima

Quae cum ita sint, Catilina, perge, quo coepisti, egredere aliquando ex urbe; patent portae; proficiscere. Nimium diu te imperatorem tua illa Manliana castra desiderant. Educ tecum etiam omnes tuos, si minus, quam plurimos; purga urbem. Magno me metu liberaveris, modo inter me atque te murus intersit. Nobiscum versari iam diutius non potes; non feram, non patiar, non sinam. (11) Magna dis immortalibus habenda est atque huic ipsi Iovi Statori, antiquissimo custodi huius urbis, gratia, quod hanc tam taetram, tam horribilem tamque infestam rei publicae pestem totiens iam effugimus. Non est saepius in uno homine summa salus periclitanda rei publicae. Quam diu mihi consuli designato, Catilina, insidiatus es, non publico me praesidio, sed privata diligentia defendi. Cum proximis comitiis consularibus me consulem in campo et competitores tuos interficere voluisti, compressi conatus tuos nefarios amicorum praesidio et copiis nullo tumultu publice concitato; denique, quotienscumque me petisti, per me tibi obstiti, quamquam videbam perniciem meam cum magna calamitate rei publicae esse coniunctam. (12) Nunc iam aperte rem publicam universam petis, templa deorum immortalium, tecta urbis, vitam omnium civium, Italiam totam ad exitium et vastitatem vocas. Quare, quoniam id, quod est primum et quod huius imperii disciplinaeque maiorum proprium est, facere nondum audeo, faciam id, quod est ad severitatem lenius, ad communem salutem utilius. Nam si te interfici iussero, residebit in re publica reliqua coniuratorum manus; sin tu, quod te iam dudum hortor, exieris, exhaurietur ex urbe tuorum comitum magna et perniciosa sentina rei publicae. (13) Quid est, Catilina? Num dubitas id me imperante facere, quod iam tua sponte faciebas? Exire ex urbe iubet consul hostem. Interrogas me, num in exilium; non iubeo, sed, si me consulis, suadeo.

argumentatio secunda

Quid est enim, Catilina, quod te iam in hac urbe delectare possit? In qua nemo est extra istam coniurationem perditorum hominum, qui te non metuat, nemo, qui non oderit. Quae nota domesticae turpitudinis non inusta vitae tuae est? Quod privatarum rerum dedecus non haeret in fama? Quae libido ab oculis, quod facinus a manibus umquam tuis, quod flagitium a toto corpore afuit? Cui tu adulescentulo, quem corruptelarum inlecebris inretisses, non aut ad audaciam ferrum aut ad libidinem facem praetulisti? (14) Quid vero? Nuper cum morte superioris uxoris novis nuptiis locum vacuefecisses, nonne etiam alio incredibili scelere hoc scelus cumulasti? Quod ego praetermitto et facile patior sileri, ne in hac civitate tanti facinoris immanitas aut exstitisse aut non vindicata esse videatur. Praetermitto ruinas fortunarum tuarum, quas omnes proximis Idibus tibi impendere senties; ad illa venio, quae non ad privatam ignominiam vitiorum tuorum, non ad domesticam tuam difficultatem ac turpitudinem, sed ad summam rem publicam atque ad omnium nostrum vitam salutemque pertinent.

(15) Potestne tibi haec lux, Catilina, aut huius caeli spiritus esse iucundus, cum scias esse horum neminem, qui nesciat te pridie Kalendas Ianuarias Lepido et Tullo consulibus stetisse in comitio cum telo, manum consulum et principum civitatis interficiendorum causa paravisse, sceleri ac furori tuo non mentem aliquam aut timorem tuum, sed Fortunam populi Romani obstitisse? Ac iam illa omitto – neque enim sunt aut obscura aut non multa

commissa postea – quotiens tu me designatum, quotiens vero consulem interficere conatus es! Quot ego tuas petitiones ita coniectas, ut vitari posse non viderentur, parva quadam declinatione et, ut aiunt, corpore effugi! nihil agis, nihil adsequeris, neque tamen conari ac velle desistis.

(16) Quotiens tibi iam extorta est ista sica de manibus, quotiens excidit casu aliquo et elapsa est! Quae quidem quibus abs te initiata sacris ac devota sit, nescio, quod eam necesse putas esse in consulis corpore defigere. Nunc vero quae tua est ista vita? Sic enim iam tecum loquar, non ut odio permotus esse videar, quo debeo, sed ut misericordia, quae tibi nulla debetur. Venisti paulo ante in senatum. Quis te ex hac tanta frequentia, tot tuis amicis ac necessariis salutavit? Si hoc post hominum memoriam contigit nemini, vocis exspectas contumeliam, cum sis gravissimo iudicio taciturnitatis oppressus? Quid, quod adventu tuo ista subsellia vacuefacta sunt, quod omnes consulares, qui tibi persaepe ad caedem constituti fuerunt, simul atque adsedisti, partem istam subselliorum nudam atque inanem reliquerunt, quo tandem animo tibi ferendum putas?

(17) Servi mehercule mei si me isto pacto metuerent, ut te metuunt omnes cives tui, domum meam relinquendam putarem; tu tibi urbem non arbitraris? Et, si me meis civibus iniuria suspectum tam graviter atque offensum viderem, carere me aspectu civium quam infestis omnium oculis conspici mallem; tu cum conscientia scelerum tuorum agnoscas odium omnium iustum et iam diu tibi debitum, dubitas, quorum mentes sensusque vulneras, eorum aspectum praesentiamque vitare? Si te parentes timerent atque odissent tui neque eos ulla ratione placare posses, ut opinor, ab eorum oculis aliquo concederes. Nunc te patria, quae communis est parens omnium

nostrum, odit ac metuit et iam diu nihil te iudicat nisi de parricidio suo cogitare; huius tu neque auctoritatem verebere nec iudicium sequere nec vim pertimesces?

argumentatio tertia

(18) Quae tecum, Catilina, sic agit et quodam modo tacita loquitur: „Nullum iam aliquot annis facinus exstitit nisi per te, nullum flagitium sine te; tibi uni multorum civium neces, tibi vexatio direptioque sociorum impunita fuit ac libera; tu non solum ad neglegendas leges et quaestiones, verum etiam ad evertendas perfringendasque valuisti. Superiora illa, quamquam ferenda non fuerunt, tamen, ut potui, tuli; nunc vero me totam esse in metu propter unum te, quicquid increpuerit, Catilinam timeri, nullum videri contra me consilium iniri posse, quod a tuo scelere abhorreat, non est ferendum. Quam ob rem discede atque hunc mihi timorem eripe; si est verus, ne opprimar, sin falsus, ut tandem aliquando timere desinam." (19) Haec si tecum, ut dixi, patria loquatur, nonne impetrare debeat, etiam si vim adhibere non possit? Quid, quod tu te ipse in custodiam dedisti, quod vitandae suspicionis causa ad M. Lepidum te habitare velle dixisti? A quo non receptus etiam ad me venire ausus es atque, ut domi meae te adservarem, rogasti. Cum a me quoque id responsum tulisses, me nullo modo posse isdem parietibus tuto esse tecum, quia magno in periculo essem, quod isdem moenibus contineremur, ad Q. Metellum praetorem venisti. A quo repudiatus ad sodalem tuum, virum optumum, M. Metellum, demigrasti; quem tu videlicet et ad custodiendum te diligentissimum et ad suspicandum sagacissimum et ad vindicandum fortissimum fore putasti. Sed quam longe videtur a carcere atque a vinculis abesse debere, qui se ipse iam dignum

custodia iudicarit! (20) Quae cum ita sint, Catilina, dubitas, si emori aequo animo non potes, abire in aliquas terras et vitam istam multis suppliciis iustis debitisque ereptam fugae solitudinique mandare?

„Refer" inquis „ad senatum"; id enim postulas et, si hic ordo placere sibi decreverit te ire in exilium, obtemperaturum te esse dicis. Non referam, id quod abhorret a meis moribus, et tamen faciam, ut intellegas, quid hi de te sentiant. Egredere ex urbe, Catilina, libera rem publicam metu, in exilium, si hanc vocem exspectas, proficiscere! Quid est? Ecquid attendis, ecquid animadvertis horum silentium? Patiuntur, tacent. Quid exspectas auctoritatem loquentium, quorum voluntatem tacitorum perspicis? (21) At si hoc idem huic adulescenti optimo, P. Sestio, si fortissimo viro, M. Marcello, dixissem, iam mihi consuli hoc ipso in templo iure optimo senatus vim et manus intulisset. De te autem, Catilina, cum quiescunt, probant, cum patiuntur, decernunt, cum tacent, clamant, neque hi solum, quorum tibi auctoritas est videlicet cara, vita vilissima, sed etiam illi equites Romani, honestissimi atque optimi viri, ceterique fortissimi cives, qui circumstant senatum, quorum tu et frequentiam videre et studia perspicere et voces paulo ante exaudire potuisti. Quorum ego vix abs te iam diu manus ac tela contineo, eosdem facile adducam, ut te haec, quae vastare iam pridem studes, relinquentem usque ad portas prosequantur.

(22) Quamquam quid loquor? Te ut ulla res frangat, tu ut umquam te corrigas, tu ut ullam fugam meditere, tu ut ullum exilium cogites? Utinam tibi istam mentem di immortales duint! Tametsi video, si mea voce perterritus ire in exilium animum induxeris, quanta tempestas invidiae nobis, si minus in praesens tempus recenti memoria scelerum tuorum, at in posteritatem impendeat. Sed est tanti, dum

modo ista sit privata calamitas et a rei publicae periculis seiungatur. Sed tu ut vitiis tuis commoveare, ut legum poenas pertimescas, ut temporibus rei publicae cedas, non est postulandum. Neque enim is es, Catilina, ut te aut pudor umquam a turpitudine aut metus a periculo aut ratio a furore revocarit. (23) Quam ob rem, ut saepe iam dixi, proficiscere ac, si mihi inimico, ut praedicas, tuo conflare vis invidiam, recta perge in exilium; vix feram sermones hominum, si id feceris, vix molem istius invidiae, si in exilium iussu consulis iveris, sustinebo. Sin autem servire meae laudi et gloriae mavis, egredere cum importuna sceleratorum manu, confer te ad Manlium, concita perditos cives, secerne te a bonis, infer patriae bellum, exsulta impio latrocinio, ut a me non eiectus ad alienos, sed invitatus ad tuos isse videaris. (24) Quamquam quid ego te invitem, a quo iam sciam esse praemissos, qui tibi ad Forum Aurelium praestolarentur armati, cui sciam pactam et constitutam cum Manlio diem, a quo etiam aquilam illam argenteam, quam tibi ac tuis omnibus confido perniciosam ac funestam futuram, cui domi tuae sacrarium scelerum constitutum fuit, sciam esse praemissam? Tu ut illa carere diutius possis, quam venerari ad caedem proficiscens solebas, a cuius altaribus saepe istam impiam dexteram ad necem civium transtulisti?

(25) Ibis tandem aliquando, quo te iam pridem ista tua cupiditas effrenata ac furiosa rapiebat; neque enim tibi haec res adfert dolorem, sed quandam incredibilem voluptatem. Ad hanc te amentiam natura peperit, voluntas exercuit, fortuna servavit. Numquam tu non modo otium, sed ne bellum quidem nisi nefarium concupisti. Nactus es ex perditis atque ab omni non modo fortuna, verum etiam spe derelictis conflatam improborum manum. (26) Hic tu qua laetitia perfruere, quibus gaudiis exsultabis, quanta in voluptate bacchabere, cum in tanto numero tuorum

neque audies virum bonum quemquam neque videbis! Ad huius vitae studium meditati illi sunt, qui feruntur, labores tui, iacere humi non solum ad obsidendum stuprum, verum etiam ad facinus obeundum, vigilare non solum insidiantem somno maritorum, verum etiam bonis otiosorum. Habes, ubi ostentes tuam illam praeclaram patientiam famis, frigoris, inopiae rerum omnium, quibus te brevi tempore confectum esse senties.

(27) Tantum profeci tum, cum te a consulatu reppuli, ut exsul potius temptare quam consul vexare rem publicam posses, atque ut id, quod esset a te scelerate susceptum, latrocinium potius quam bellum nominaretur.

egressio

Nunc, ut a me, patres conscripti, quandam prope iustam patriae querimoniam detester ac deprecer, percipite, quaeso, diligenter, quae dicam, et ea penitus animis vestris mentibusque mandate. Etenim, si mecum patria, quae mihi vita mea multo est carior, si cuncta Italia, si omnis res publica loquatur: „M.Tulli, quid agis? Tune eum, quem esse hostem comperisti, quem ducem belli futurum vides, quem exspectari imperatorem in castris hostium sentis, auctorem sceleris, principem coniurationis, evocatorem servorum et civium perditorum, exire patiere, ut abs te non emissus ex urbe, sed immissus in urbem esse videatur? Nonne hunc in vincla duci, non ad mortem rapi, non summo supplicio mactari imperabis? (28) Quid tandem te impedit? Mosne maiorum? At persaepe etiam privati in hac re publica perniciosos cives morte multarunt. An leges, quae de civium Romanorum supplicio rogatae sunt? At numquam in hac urbe, qui a re publica defecerunt, civium iura tenuerunt. An invidiam posteritatis times?

Praeclaram vero populo Romano refers gratiam, qui te, hominem per te cognitum nulla commendatione maiorum tam mature ad summum imperium per omnes honorum gradus extulit, si propter invidiam aut alicuius periculi metum salutem civium tuorum neglegis. (29) Sed, si quis est invidiae metus, non est vehementius severitatis ac fortitudinis invidia quam inertiae ac nequitiae pertimescenda. An, cum bello vastabitur Italia, vexabuntur urbes, tecta ardebunt, tum te non existumas invidiae incendio conflagraturum?"

His ego sanctissimis rei publicae vocibus et eorum hominum, qui hoc idem sentiunt, mentibus pauca respondebo. Ego si hoc optimum factu iudicarem, patres conscripti, Catilinam morte multari, unius usuram horae gladiatori isti ad vivendum non dedissem. Etenim si summi viri et clarissimi cives Saturnini et Gracchorum et Flacci et superiorum complurium sanguine non modo se non contaminarunt, sed etiam honestarunt, certe verendum mihi non erat, ne quid hoc parricida civium interfecto invidiae in posteritatem redundaret. Quod si ea mihi maxime impenderet, tamen hoc animo fui semper, ut invidiam virtute partam gloriam, non invidiam putarem. (30) Quamquam non nulli sunt in hoc ordine, qui aut ea, quae imminent, non videant aut ea, quae vident, dissimulent; qui spem Catilinae mollibus sententiis aluerunt coniurationemque nascentem non credendo corroboraverunt; quorum auctoritate multi non solum improbi, verum etiam imperiti, si in hunc animadvertissem, crudeliter et regie factum esse dicerent. Nunc intellego, si iste, quo intendit, in Manliana castra pervenerit, neminem tam stultum fore, qui non videat coniurationem esse factam, neminem tam improbum, qui non fateatur.

Hoc autem uno interfecto intellego hanc rei publicae pestem paulisper reprimi, non in perpetuum comprimi posse. Quod si sese eiecerit secumque suos eduxerit et eodem ceteros undique conlectos naufragos aggregarit, exstinguetur atque delebitur non modo haec tam adulta rei publicae pestis, verum etiam stirps ac semen malorum omnium.

(31) Etenim iam diu, patres conscripti, in his periculis coniurationis insidiisque versamur, sed nescio quo pacto omnium scelerum ac veteris furoris et audaciae maturitas in nostri consulatus tempus erupit. Nunc si ex tanto latrocinio iste unus tolletur, videbimur fortasse ad breve quoddam tempus cura et metu esse relevati, periculum autem residebit et erit inclusum penitus in venis atque in visceribus rei publicae. Ut saepe homines aegri morbo gravi cum aestu febrique iactantur, si aquam gelidam biberunt, primo relevari videntur, deinde multo gravius vehementiusque adflictantur, sic hic morbus, qui est in re publica, relevatus istius poena vehementius reliquis vivis ingravescet.

peroratio

(32) Qua re secedant improbi, secernant se a bonis, unum in locum congregentur, muro denique, id quod saepe iam dixi, secernantur a nobis; desinant insidiari domi suae consuli, circumstare tribunal praetoris urbani, obsidere cum gladiis curiam, malleolos et faces ad inflammandam urbem comparare; sit denique inscriptum in fronte unius cuiusque, quid de re publica sentiat. Polliceor hoc vobis, patres conscripti, tantam in nobis consulibus fore diligentiam, tantam in vobis auctoritatem, tantam in equitibus Romanis virtutem, tantam in omnibus bonis consensionem, ut Catilinae profectione omnia patefacta, inlustrata, oppressa, vindicata esse videatis.
peroratio

(33) Hisce ominibus, Catilina, cum summa rei publicae salute, cum tua peste ac pernicie cumque eorum exitio, qui se tecum omni scelere parricidioque iunxerunt, proficiscere ad impium bellum ac nefarium. Tu, Iuppiter, qui isdem quibus haec urbs auspiciis a Romulo es constitutus, quem Statorem huius urbis atque imperii vere nominamus, hunc et huius socios a tuis ceterisque templis, a tectis urbis ac moenibus, a vita fortunisque civium omnium arcebis et homines bonorum inimicos, hostes patriae, latrones Italiae scelerum foedere inter se ac nefaria societate coniunctos aeternis suppliciis vivos mortuosque mactabis.

Quibus verbis post orationem Ciceronis habitam primam Catilina sui purgandi causa in senatu responderit criminibus.

Sed ubi ille (sc. Cicero) adsedit, Catilina, ut erat paratus ad dissimulanda omnia, demisso voltu, voce supplici postulare a patribus coepit, ne quid de se temere crederent; ea familia ortum, ita se ab adulescentia vitam instituisse, ut omnia bona in spe haberet: ne existumarent sibi, patricio homini, quoius ipsius atque maiorum pluruma beneficia in plebem Romanam essent, perdita re publica opus esse, quom eam servaret M.Tullius, inquilinus civis urbis Romae. Ad hoc male dicta alia quom adderet, obstrepere omnes, hostem et parricidam vocare. Tum ille furibundus „quoniam quidem circumventus“ inquit „ab inimicis praeceps agor, incendium meum ruina exstinguam.” Deinde se ex curia domum proripuit.

(Sallustius, Catilina 31, 7–9)

M. TULLI CICERONIS ORATIO IN CATILINAM SECVNDA AD QUIRITES

narratio

(1) Tandem aliquando, Quirites, L. Catilinam furentem audacia, scelus anhelantem, pestem patriae nefarie molientem, vobis atque huic urbi ferro flammaque minitantem ex urbe vel eiecimus vel emisimus vel ipsum egredientem verbis prosecuti sumus. Abiit, excessit, evasit, erupit. Nulla iam pernicies a monstro illo atque prodigio moenibus ipsis intra moenia comparabitur. Atque hunc quidem unum huius belli domestici ducem sine controversia vicimus. Non enim iam inter latera nostra sica illa versabitur, non in campo, non in foro, non in curia, non denique intra domesticos parietes pertimescemus. Loco ille motus est, cum est ex urbe depulsus. Palam iam cum hoste nullo impediente bellum iustum geremus. Sine dubio perdidimus hominem magnificeque vicimus, cum illum ex occultis insidiis in apertum latrocinium coniecimus. (2) Quod vero non cruentum mucronem, ut voluit, extulit, quod vivis nobis egressus est, quod ei ferrum e manibus extorsimus, quod incolumes cives, quod stantem urbem reliquit, quanto tandem illum maerore esse adflictum et profligatum putatis? Iacet ille nunc prostratus, Quirites, et se perculsum atque abiectum esse sentit et retorquet oculos profecto saepe ad hanc urbem, quam e suis faucibus ereptam esse luget; quae quidem mihi laetari videtur, quod tantam pestem evomuerit forasque proiecerit.

argumentatio prima

(3) Ac si quis est talis, quales esse omnes oportebat, qui in hoc ipso, in quo exultat et triumphat oratio mea, me vehementer accuset, quod tam capitalem hostem non comprehenderim potius quam emiserim, non est ista mea culpa, Quirites, sed temporum. Interfectum esse L. Catilinam et gravissimo supplicio adfectum iam pridem oportebat, idque a me et mos maiorum et huius imperii severitas et res publica postulabat. Sed quam multos fuisse putatis, qui, quae ego deferrem, non crederent, quam multos, qui propter stultitiam non putarent, quam multos, qui etiam defenderent, quam multos, qui propter improbitatem faverent! Ac, si illo sublato depelli a vobis omne periculum iudicarem, iam pridem ego L. Catilinam non modo invidiae meae, verum etiam vitae periculo sustulissem.

(4) Sed cum viderem ne vobis quidem omnibus re etiam tum probata si illum, ut erat meritus, morte multassem, fore ut eius socios invidia oppressus persequi non possem, rem huc deduxi, ut tum palam pugnare possetis, cum hostem aperte videretis. Quem quidem ego hostem, Quirites, quam vehementer foris esse timendum putem, licet hinc intellegatis, quod etiam illud moleste fero, quod ex urbe parum comitatus exierit. Utinam ille omnes secum suas copias eduxisset! Tongilium mihi eduxit, quem amare in praetexta coeperat, Publicium et Minucium, quorum aes alienum contractum in popina nullum rei publicae motum adferre poterat; reliquit quos viros, quanto aere alieno, quam valentes, quam nobiles! (5) Itaque ego illum exercitum prae Gallicanis legionibus et hoc dilectu, quem in agro Piceno et Gallico Q. Metellus habuit, et his copiis, quae a nobis cotidie comparantur, magno opere contemno collectum ex senibus desperatis, ex agresti luxuria, ex

rusticis decoctoribus, ex iis, qui vadimonia deserere quam illum exercitum maluerunt; quibus ego non modo si aciem exercitus nostri, verum etiam si edictum praetoris ostendero, concident. Hos, quos video volitare in foro, quos stare ad curiam, quos etiam in senatum venire, qui nitent unguentis, qui fulgent purpura, mallem secum suos milites eduxisset; qui si hic permanent, mementote non tam exercitum illum esse nobis quam hos, qui exercitum deseruerunt, pertimescendos. Atque hoc etiam sunt timendi magis, quod, quid cogitent, me scire sentiunt neque tamen permoventur. (6) Video, cui sit Apulia attributa, quis habeat Etruriam, quis agrum Picenum, quis Gallicum, quis sibi has urbanas insidias caedis atque incendiorum depoposcerit. Omnia superioris noctis consilia ad me perlata esse sentiunt; patefeci in senatu hesterno die; Catilina ipse pertimuit, profugit; hi quid exspectant? Ne illi vehementer errant, si illam meam pristinam lenitatem perpetuam sperant futuram.

Quod exspectavi, iam sum adsecutus, ut vos omnes factam esse aperte coniurationem contra rem publicam videretis; nisi vero si quis est, qui Catilinae similes cum Catilina sentire non putet. Non est iam lenitati locus; severitatem res ipsa flagitat. Unum etiam nunc concedam: exeant, proficiscantur, ne patiantur desiderio sui Catilinam miserum tabescere. Demonstrabo iter: Aurelia via profectus est; si accelerare volent, ad vesperam consequentur. (7) O fortunatam rem publicam, si quidem hanc sentinam urbis eiecerit! Uno me hercule Catilina exhausto levata mihi et recreata res publica videtur. Quid enim mali aut sceleris fingi aut cogitari potest, quod non ille conceperit? Quis tota Italia veneficus, quis gladiator, quis latro, quis sicarius, quis parricida, quis testamentorum subiector, quis circumscriptor, quis ganeo, quis nepos, quis adulter, quae mulier infamis, quis corruptor iuventutis, quis corruptus, quis perditus inveniri potest, qui se cum Catilina non familiarissime vixisse fateatur? Quae caedes per hosce annos sine illo facta est, quod nefarium stuprum non per illum?

(8) Iam vero quae tanta umquam in ullo homine iuventutis illecebra fuit, quanta in illo? Qui alios ipse amabat turpissime, aliorum amori flagitiosissime serviebat, aliis fructum libidinum, aliis mortem parentum non modo impellendo, verum etiam adiuvando pollicebatur. Nunc vero quam subito non solum ex urbe, verum etiam ex agris ingentem numerum perditorum hominum collegerat! Nemo non modo Romae, sed ne ullo quidem in angulo totius Italiae oppressus aere alieno fuit, quem non ad hoc incredibile sceleris foedus asciverit.

(9) Atque ut eius diversa studia in dissimili ratione perspicere possitis, nemo est in ludo gladiatorio paulo ad facinus audacior, qui se non intimum Catilinae esse fateatur, nemo in scaena levior et nequior, qui se non eiusdem prope sodalem fuisse commemoret. Atque idem tamen stuprorum et scelerum exercitatione adsuefactus frigore et fame et siti et vigiliis perferendis fortis ab istis praedicabatur, cum industriae subsidia atque instrumenta virtutis in libidine audaciaque consumeret. (10) Hunc vero si secuti erunt sui comites, si ex urbe exierint desperatorum hominum flagitiosi greges, o nos beatos, o rem publicam fortunatam, o praeclaram laudem consulatus mei! Non enim iam sunt mediocres hominum libidines, non humanae ac tolerandae audaciae; nihil cogitant nisi caedem, nisi incendia, nisi rapinas. Patrimonia sua profuderunt, fortunas suas obligaverunt, res eos iam pridem deseruit, fides nuper deficere coepit; eadem tamen illa, quae erat in abundantia, libido permanet. Quod si in vino et alea comissationes solum et scorta quaererent, essent illi quidem desperandi, sed tamen essent ferendi;

hoc vero quis ferre possit, inertes homines fortissimis viris insidiari, stultissimos prudentissimis, ebrios sobriis, dormientes vigilantibus? Qui mihi accubantes in conviviis, complexi mulieres impudicas, vino languidi, conferti cibo, sertis redimiti, unguentis obliti, debilitati stupris eructant sermonibus suis caedem bonorum atque urbis incendia. (11) Quibus ego confido impendere fatum aliquod, et poenam iam diu improbitati, nequitiae, sceleri, libidini debitam aut instare iam plane aut certe appropinquare. Quos si meus consulatus, quoniam sanare non potest, sustulerit, non breve nescio quod tempus, sed multa saecula propagarit rei publicae. Nulla enim est natio, quam pertimescamus, nullus rex, qui bellum populo Romano facere possit. Omnia sunt externa unius virtute terra marique pacata; domesticum bellum manet, intus insidiae sunt, intus inclusum periculum est, intus est hostis. Cum luxuria nobis, cum amentia, cum scelere certandum est. Huic ego me bello ducem profiteor, Quirites; suscipio inimicitias hominum perditorum; quae sanari poterunt, quacumque ratione sanabo, quae resecanda erunt, non patiar ad perniciem civitatis manere. Proinde aut exeant aut quiescant aut, si et in urbe et in eadem mente permanent, ea, quae merentur, exspectent. (12) At etiam sunt, qui dicant, Quirites, a me eiectum in exilium esse Catilinam. Quod ego si verbo adsequi possem, istos ipsos eicerem, qui haec loquuntur. Homo enim videlicet timidus aut etiam permodestus vocem consulis ferre non potuit; simul atque ire in exilium iussus est, paruit, ivit. Quin hesterno die, Quirites, cum domi meae paene interfectus essem, senatum in aedem Iovis Statoris convocavi, rem omnem ad patres conscriptos detuli. Quo cum Catilina venisset, quis eum senator appellavit, quis salutavit, quis denique ita aspexit ut perditum civem ac non potius ut importunissimum hostem? Quin etiam principes eius ordinis partem illam subselliorum, ad quam ille accesserat, nudam atque inanem reliquerunt. (13) Hic ego vehemens ille consul, qui verbo cives in exilium eicio, quaesivi a Catilina, in nocturno conventu apud M. Laecam fuisset necne. Cum ille homo audacissimus conscientia convictus primo reticuisset, patefeci cetera; quid ea nocte egisset, ubi fuisset, quid in proximam constituisset, quem ad modum esset ei ratio totius belli descripta, edocui. Cum haesitaret, cum teneretur, quaesivi, quid dubitaret proficisci eo, quo iam pridem pararet, cum arma, cum secures, cum fasces, cum tubas, cum signa militaria, cum aquilam illam argenteam, cui ille etiam sacrarium domi suae fecerat, scirem esse praemissam. (14) In exilium eiciebam, quem iam ingressum esse in bellum videram? Etenim, credo, Manlius iste centurio, qui in agro Faesulano castra posuit, bellum populo Romano suo nomine indixit, et illa castra nunc non Catilinam ducem exspectant, et ille eiectus in exilium se Massiliam, ut aiunt, non in haec castra confert.

O condicionem miseram non modo administrandae, verum etiam conservandae rei publicae! Nunc si L. Catilina consiliis, laboribus, periculis meis circumclusus ac debilitatus subito pertimuerit, sententiam mutaverit, deseruerit suos, consilium belli faciendi abiecerit et ex hoc cursu sceleris ac belli iter ad fugam atque in exilium converterit, non ille a me spoliatus armis audaciae, non obstupefactus ac perterritus mea diligentia, non de spe conatuque depulsus, sed indemnatus, innocens in exilium eiectus a consule vi et minis esse dicetur; et erunt, qui illum, si hoc fecerit, non improbum, sed miserum, me non diligentissimum consulem, sed crudelissimum tyrannum existimari velint. (15) Est mihi tanti, Quirites, huius invidiae falsae atque iniquae tempestatem subire, dum modo a vobis huius horribilis belli ac nefarii periculum depellatur. Dicatur sane eiectus esse a me, dum modo eat in exilium. Sed, mihi credite, non est iturus. Numquam ego ab dis immortalibus optabo, Quirites, invidiae meae levandae causa, ut L. Catilinam ducere exercitum hostium atque in armis volitare audiatis, sed triduo tamen audietis; multoque magis illud timeo, ne mihi sit invidiosum aliquando, quod illum emiserim potius quam quod eiecerim. Sed cum sint homines, qui illum, cum profectus sit, eiectum esse dicant, iidem, si interfectus esset, quid dicerent? (16) Quamquam isti, qui Catilinam Massiliam ire dictitant, non tam hoc queruntur quam verentur. Nemo est istorum tam misericors, qui illum non ad Manlium quam ad Massilienses ire malit. Ille autem, si me hercule hoc, quod agit, numquam antea cogitasset, tamen latrocinantem se interfici mallet quam exsulem vivere. Nunc vero, cum ei nihil adhuc praeter ipsius voluntatem cogitationemque acciderit, nisi quod vivis nobis Roma profectus est, optemus potius, ut eat in exilium, quam queramur.

argumentatio secunda

(17) Sed cur tam diu de uno hoste loquimur et de eo hoste, qui iam fatetur se esse hostem, et quem, quia, quod semper volui, murus interest, non timeo; de his, qui dissimulant, qui Romae remanent, qui nobiscum sunt, nihil dicimus? Quos quidem ego, si ullo modo fieri possit, non tam ulcisci studeo quam sanare sibi ipsos, placare rei publicae, neque, id qua re fieri non possit, si iam me audire volent, intellego. Exponam enim vobis, Quirites, ex quibus generibus hominum istae copiae comparentur; deinde singulis medicinam consilii atque orationis meae, si quam potero, adferam.

(18) Unum genus est eorum, qui magno in aere alieno maiores etiam possessiones habent, quarum amore adducti

dissolvi nullo modo possunt. Horum hominum species est honestissima (sunt enim locupletes), voluntas vero et causa impudentissima. Tu agris, tu aedificiis, tu argento, tu familia, tu rebus omnibus ornatus et copiosus sis, et dubites de possessione detrahere, adquirere ad fidem? Quid enim exspectas? Bellum? Quid ergo? In vastatione omnium tuas possessiones sacrosanctas futuras putas? An tabulas novas? Errant, qui istas a Catilina exspectant; meo beneficio tabulae novae proferentur, verum auctionariae; neque enim isti, qui possessiones habent, alia ratione ulla salvi esse possunt. Quod si maturius facere voluissent neque, id quod stultissimum est, certare cum usuris fructibus praediorum, et locupletioribus his et melioribus civibus uteremur. Sed hosce homines minime puto pertimescendos, quod aut deduci de sententia possunt aut, si permanebunt, magis mihi videntur vota facturi contra rem publicam quam arma laturi.

(19) Alterum genus est eorum, qui quamquam premuntur aere alieno, dominationem tamen exspectant, rerum potiri volunt, honores, quos quieta re publica desperant, perturbata se consequi posse arbitrantur. Quibus hoc praecipiendum videtur, unum scilicet et idem quod reliquis omnibus, ut desperent id, quod conantur, se consequi posse; primum omnium me ipsum vigilare, adesse, providere rei publicae; deinde magnos animos esse in bonis viris, magnam concordiam ordinum, magnas praeterea militum copias; deos denique immortales huic invicto populo, clarissimo imperio, pulcherrimae urbi contra tantam vim sceleris praesentes auxilium esse laturos. Quod si iam sint id, quod summo furore cupiunt, adepti, num illi in cinere urbis et in sanguine civium, quae mente conscelerata ac nefaria concupiverunt, consules se aut dictatores aut etiam reges sperant futuros? Non vident id se cupere,

quod si adepti sint, fugitivo alicui aut gladiatori concedi sit necesse?

(20) Tertium genus est aetate iam adfectum, sed tamen exercitatione robustum; quo ex genere iste est Manlius, cui nunc Catilina succedit. Hi sunt homines ex iis coloniis, quas Sulla constituit; quas ego universas civium esse optimorum et fortissimorum virorum sentio, sed tamen ei sunt coloni, qui se in insperatis ac repentinis pecuniis sumptuosius insolentiusque iactarunt. Hi dum aedificant tamquam beati, dum praediis lectis, familiis magnis, conviviis apparatis delectantur, in tantum aes alienum inciderunt, ut, si salvi esse velint, Sulla sit iis ab inferis excitandus; qui etiam non nullos agrestes homines tenues atque egentes in eandem illam spem rapinarum veterum impulerunt. Quos ego utrosque in eodem genere praedatorum direptorumque pono, sed eos hoc moneo, desinant furere ac proscriptiones et dictaturas cogitare. Tantus enim illorum temporum dolor inustus est civitati, ut iam ista non modo homines, sed ne pecudes quidem mihi passurae esse videantur.

(21) Quartum genus est sane varium et mixtum et turbulentum; qui iam pridem premuntur, qui numquam emergunt, qui partim inertia, partim male gerendo negotio, partim etiam sumptibus in vetere aere alieno vacillant, qui vadimoniis, iudiciis, proscriptione bonorum defatigati permulti et ex urbe et ex agris se in illa castra conferre dicuntur. Hosce ego non tam milites acres quam infitiatores lentos esse arbitror. Qui homines quam primum, si stare non possunt, corruant, sed ita, ut non modo civitas, sed ne vicini quidem proximi sentiant. Nam illud non intellego, quam ob rem, si vivere honeste non possunt, perire turpiter velint aut cur minore dolore perituros se cum multis quam si soli pereant arbitrentur.

(22) Quintum genus est parricidarum, sicariorum, denique omnium facinerosorum. Quos ego a Catilina non

revoco; nam neque ab eo divelli possunt et pereant sane in latrocinio, quoniam sunt ita multi, ut eos carcer capere non possit.

Postremum autem genus est non solum numero, verum etiam genere ipso atque vita, quod proprium Catilinae est, de eius dilectu, immo vero de complexu eius ac sinu; quos pexo capillo nitidos aut inberbes aut bene barbatos videtis, manicatis et talaribus tunicis, velis amictos, non togis; quorum omnis industria vitae et vigilandi labor in antelucanis cenis expromitur. (23) In his gregibus omnes aleatores, omnes adulteri, omnes impuri impudicique versantur. Hi pueri tam lepidi ac delicati non solum amare et amari neque saltare et cantare, sed etiam sicas vibrare et spargere venena didicerunt. Qui nisi exeunt, nisi pereunt, etiam si Catilina perierit, scitote hoc in re publica seminarium Catilinarum futurum. Verum tamen quid sibi isti miseri volunt? Num suas secum mulierculas sunt in castra ducturi? Quem ad modum autem illis carere poterunt, his praesertim iam noctibus? Quo autem pacto illi Appenninum atque illas pruinas ac nives perferent? Nisi idcirco se facilius hiemem toleraturos putant, quod nudi in conviviis saltare didicerunt.

(24) O bellum magno opere pertimescendum, cum hanc sit habiturus Catilina scortorum cohortem praetoriam! Instruite nunc, Quirites, contra has tam praeclaras Catilinae copias vestra praesidia vestrosque exercitus. Et primum gladiatori illi confecto et saucio consules imperatoresque vestros opponite; deinde contra illam naufragorum eiectam ac debilitatam manum florem totius Italiae ac robur educite. Iam vero urbes coloniarum ac municipiorum respondebunt Catilinae tumulis silvestribus. Neque ego ceteras copias, ornamenta, praesidia vestra cum illius latronis inopia atque egestate conferre debeo.

(25) Sed si omissis his rebus, quibus nos suppeditamur, eget ille – senatu, equitibus Romanis, urbe, aerario, vectigalibus, cuncta Italia, provinciis omnibus, exteris nationibus, si his rebus omissis causas ipsas, quae inter se confligunt, contendere velimus, ex eo ipso, quam valde illi iaceant, intellegere possumus. Ex hac enim parte pudor pugnat, illinc petulantia; hinc pudicitia, illinc stuprum; hinc fides, illinc fraudatio; hinc pietas, illinc scelus; hinc constantia, illinc furor; hinc honestas, illinc turpitudo; hinc continentia, illinc libido; denique aequitas, temperantia, fortitudo, prudentia, virtutes omnes certant cum iniquitate, luxuria, ignavia, temeritate, cum vitiis omnibus; postremo copia cum egestate, bona ratio cum perdita, mens sana cum amentia, bona denique spes cum omnium rerum desperatione confligit. In eius modi certamine ac proelio nonne, si hominum studia deficiant, di ipsi immortales cogant ab his praeclarissimis virtutibus tot et tanta vitia superari?

(26) Quae cum ita sint, Quirites, vos, quem ad modum iam antea dixi, vestra tecta vigiliis custodiisque defendite; mihi, ut urbi sine vestro motu ac sine ullo tumultu satis esset praesidii, consultum atque provisum est. Coloni omnes municipesque vestri certiores a me facti de hac nocturna excursione Catilinae facile urbes suas finesque defendent; gladiatores, quam sibi ille manum certissimam fore putavit, quamquam animo meliore sunt quam pars patriciorum, potestate tamen nostra continebuntur. Q. Metellus, quem ego hoc prospiciens in agrum Gallicum Picenumque praemisi, aut opprimet hominem aut eius omnes motus conatusque prohibebit. Reliquis autem de rebus constituendis, maturandis, agendis iam ad senatum referemus, quem vocari videtis.

peroratio

(27) Nunc illos, qui in urbe remanserunt, atque adeo qui contra urbis salutem omniumque vestrum in urbe a Catilina relicti sunt, quamquam sunt hostes, tamen, quia nati sunt cives, monitos etiam atque etiam volo. Mea lenitas adhuc si cui solutior visa est, hoc exspectavit, ut id, quod latebat, erumperet. Quod reliquum est, iam non possum oblivisci meam hanc esse patriam, me horum esse consulem, mihi aut cum his vivendum aut pro his esse moriendum. Nullus est portis custos, nullus insidiator viae; si qui exire volunt, conivere possum; qui vero se in urbe commoverit, cuius ego non modo factum, sed inceptum ullum conatumve contra patriam deprehendero, sentiet in hac urbe esse consules vigilantes, esse egregios magistratus, esse fortem senatum, esse arma, esse carcerem, quem vindicem nefariorum ac manifestorum scelerum maiores nostri esse voluerunt. (28) Atque haec omnia sic agentur, Quirites, ut maximae res minimo motu, pericula summa nullo tumultu, bellum intestinum ac domesticum post hominum memoriam crudelissimum et maximum me uno togato duce et imperatore sedetur. Quod ego sic administrabo, Quirites, ut, si ullo modo fieri poterit, ne improbus quidem quisquam in hac urbe poenam sui sceleris sufferat. Sed si vis manifestae audaciae, si impendens patriae periculum me necessario de hac animi lenitate deduxerit, illud profecto perficiam, quod in tanto et tam insidioso bello vix optandum videtur, ut neque bonus quisquam intereat paucorumque poena vos omnes salvi esse possitis. (29) Quae quidem ego neque mea prudentia neque humanis consiliis fretus polliceor vobis, Quirites, sed multis et non dubiis deorum immortalium significationibus, quibus ego ducibus in hanc spem sententiamque sum ingressus; qui iam non procul, ut quondam solebant, ab externo hoste

atque longinquo, sed hic praesentes suo numine atque auxilio sua templa atque urbis tecta defendunt. Quos vos, Quirites, precari, venerari, implorare debetis, ut, quam urbem pulcherrimam florentissimamque esse voluerunt, hanc omnibus hostium copiis terra marique superatis a perditissimorum civium nefario scelere defendant

Qua de causa oratione Ciceronis habita secunda perpaucis diebus post senatus Catilinam hostem iudicaverit

Sed ipse (sc. Catilina) paucos dies conmoratus apud C. Flaminium in agro Arretino, dum vicinitatem antea sollicitatam armis exornat, cum fascibus atque aliis imperii insignibus in castra Manliana contendit. Haec ubi Romae comperta sunt, senatus Catilinam et Manlium hostes iudicat, ceterae multitudini diem statuit, ante quam sine fraude liceret ab armis discedere praeter rerum capitalium condemnatis. Praeterea decernit, uti consules dilectum habeant, Antonius cum exercitu Catilinam persequi maturet, Cicero urbi praesidio sit.

(Sallustius, Catilina 36, 1–3)

M. TULLI CICERONIS ORATIO IN CATILINAM TERTIA AD QUIRITES

prooemium

Rem publicam, Quirites, vitamque omnium vestrum, bona, fortunas, coniuges liberosque vestros atque hoc domicilium clarissimi imperii, fortunatissimam pulcherrimamque urbem, hodierno die deorum immortalium summo erga vos amore, laboribus, consiliis, periculis meis e flamma atque ferro ac paene ex faucibus fati ereptam et vobis conservatam ac restitutam videtis. (2) Et si non minus nobis iucundi atque illustres sunt ei dies, quibus conservamur, quam illi, quibus nascimur, quod salutis certa laetitia est, nascendi incerta condicio, et quod sine sensu nascimur, cum voluptate servamur, profecto, quoniam illum, qui hanc urbem condidit, ad deos immortales benivolentia famaque sustulimus, esse apud vos posterosque vestros in honore debebit is, qui eandem hanc urbem conditam amplificatamque servavit. Nam toti urbi, templis, delubris, tectis ac moenibus subiectos prope iam ignes circumdatosque restinximus, iidemque gladios in rem publicam destrictos rettudimus mucronesque eorum a iugulis vestris deiecimus. (3) Quae quoniam in senatu inlustrata, patefacta, comperta sunt per me, vobis iam exponam breviter, ut, et quanta et quam manifesta et qua ratione investigata et comprehensa sint, vos, qui et ignoratis et exspectatis, scire possitis.

narratio

Principio ut Catilina paucis ante diebus erupit ex urbe, cum sceleris sui socios huiusce nefarii belli acerrimos duces Romae reliquisset, semper vigilavi et providi, Quirites, quem ad modum in tantis et tam absconditis insidiis salvi esse possemus. Nam tum, cum ex urbe Catilinam eiciebam (non enim iam vereor huius verbi invidiam, cum illa magis sit timenda, quod vivus exierit), sed tum, cum illum exterminari volebam, aut reliquam coniuratorum manum simul exituram aut eos, qui restitissent, infirmos sine illo ac debiles fore putabam. (4) Atque ego, ut vidi, quos maximo furore et scelere esse inflammatos sciebam, eos nobiscum esse et Romae remansisse, in eo omnes dies noctesque consumpsi, ut, quid agerent, quid molirentur, sentirem ac viderem, ut, quoniam auribus vestris propter incredibilem magnitudinem sceleris minorem fidem faceret oratio mea, rem ita comprehenderem, ut tum demum animis saluti vestrae provideretis, cum oculis maleficium ipsum videretis.

Itaque, ut comperi legatos Allobrogum belli Transalpini et tumultus Gallici excitandi causa a P. Lentulo esse sollicitatos eosque in Galliam ad suos cives cum litteris mandatisque eodemque itinere ad Catilinam esse missos comitemque iis adiunctum esse T. Volturcium atque huic esse ad Catilinam datas litteras, facultatem mihi oblatam putavi, ut, quod erat difficillimum quodque ego semper optabam ab dis immortalibus, tota res non solum a me, sed etiam a senatu et a vobis manifesto deprehenderetur. (5) Itaque hesterno die L. Flaccum et C. Pomptinum praetores, fortissimos atque amantissimos rei publicae viros, ad me vocavi, rem exposui, quid fieri placeret, ostendi. Illi autem, qui omnia de re publica praeclara atque egregia sentirent, sine recusatione ac sine ulla mora negotium susceperunt et, cum advesperasceret, occulte ad pontem Mulvium pervenerunt atque ibi in proximis villis ita bipertito fuerunt, ut Tiberis inter eos et pons interesset. Eodem autem et ipsi sine cuiusquam suspicione multos fortes viros eduxerant, et ego ex praefectura Reatina complures delectos adulescentes, quorum opera utor adsidue in rei publicae praesidio, cum gladiis miseram. (6) Interim tertia fere vigilia exacta cum iam pontem Mulvium magno comitatu legati Allobroges ingredi inciperent unaque Volturcius, fit in eos impetus; educuntur et ab illis gladii et a nostris. Res praetoribus erat nota solis, ignorabatur a ceteris. Tum interventu Pomptini atque Flacci pugna, quae erat commissa, sedatur. Litterae, quaecumque erant in eo comitatu, integris signis praetoribus traduntur; ipsi comprehensi ad me, cum iam dilucesceret, deducuntur. Atque horum omnium scelerum inprobissimum machinatorem, Cimbrum Gabinium, statim ad me nihil dum suspicantem vocavi; deinde item arcessitus est L. Statilius et post eum C. Cethegus; tardissime autem Lentulus venit, credo quod in litteris dandis praeter consuetudinem proxima nocte vigilarat. (7) Cum summis et clarissimis huius civitatis viris, qui audita re frequentes ad me mane convenerant, litteras a me prius aperiri quam ad senatum deferri placeret, ne, si nihil esset inventum, temere a me tantus tumultus iniectus civitati videretur, negavi me esse facturum, ut de periculo publico non ad consilium publicum rem integram deferrem. Etenim, Quirites, si ea, quae erant ad me delata, reperta non essent, tamen ego non arbitrabar in tantis rei publicae periculis esse mihi nimiam diligentiam pertimescendam. Senatum frequentem celeriter, ut vidistis, coegi. (8) Atque interea statim admonitu Allobrogum C. Sulpicium praetorem, fortem virum, misi, qui ex aedibus Cethegi, si quid telorum esset, efferret; ex quibus ille maximum sicarum numerum et gladiorum extulit.

Introduxi Volturcium sine Gallis; fidem publicam iussu senatus dedi; hortatus sum, ut ea, quae sciret sine timore indicaret. Tum ille dixit, cum vix se ex magno timore recreasset, a P. Lentulo se habere ad Catilinam mandata et litteras, ut servorum praesidio uteretur, ut ad urbem quam primum cum exercitu accederet; id autem eo consilio, ut, cum urbem ex omnibus partibus, quem ad modum descriptum distributumque erat, incendissent caedemque infinitam civium fecissent, praesto esset ille, qui et fugientes exciperet et se cum his urbanis ducibus coniungeret. (9) Introducti autem Galli ius iurandum sibi et litteras ab Lentulo, Cethego, Statilio ad suam gentem datas esse dixerunt atque ita sibi ab his et a L. Cassio esse praescriptum, ut equitatum in Italiam quam primum mitterent; pedestres sibi copias non defuturas. Lentulum autem sibi confirmasse ex fatis Sibyllinis haruspicumque responsis se esse tertium illum Cornelium, ad quem regnum huius urbis atque imperium pervenire esset necesse; Cinnam ante se et Sullam fuisse. Eundemque dixisse fatalem hunc annum esse ad interitum huius urbis atque imperii, qui esset annus decimus post virginum absolutionem, post Capitolii autem incensionem vicesimus. (10) Hanc autem Cethego cum ceteris controversiam fuisse dixerunt, quod Lentulo et aliis Saturnalibus caedem fieri atque urbem incendi placeret, Cethego nimium id longum videretur. Ac ne longum sit, Quirites, tabellas proferri iussimus, quae a quoque dicebantur datae. Primo ostendimus Cethego: signum cognovit. Nos linum incidimus, legimus. Erat scriptum ipsius manu Allobrogum senatui et populo sese, quae eorum legatis confirmasset, facturum esse; orare ut item illi facerent, quae sibi eorum legati recepissent. Tum Cethegus, qui paulo ante aliquid tamen de gladiis ac sicis, quae apud ipsum erant deprehensa, respondisset dixissetque se semper bonorum ferramentorum studiosum fuisse, recitatis litteris debilitatus atque abiectus conscientia repente conticuit. Introductus est Statilius; cognovit et signum et manum suam. Recitatae sunt tabellae in eandem fere sententiam; confessus est. Tum ostendi tabellas Lentulo et quaesivi, cognosceretne signum. Adnuit. „Est vero“, inquam, „notum quidem signum, imago avi tui, clarissimi viri, qui amavit unice patriam et cives suos; quae quidem te a tanto scelere etiam muta revocare debuit.“ (11) Leguntur eadem ratione ad senatum Allobrogum populumque litterae. Si quid de his rebus dicere vellet, feci potestatem. Atque ille primo quidem negavit; post autem aliquanto, toto iam indicio exposito atque edito, surrexit; quaesivit a Gallis, quid sibi esset cum iis, quam ob rem domum suam venissent, itemque a Volturcio. Qui cum illi breviter constanterque respondissent, per quem ad eum quotiensque venissent, quaesissentque ab eo, nihilne secum esset de fatis Sibyllinis locutus, tum ille subito scelere demens, quanta conscientiae vis esset, ostendit. Nam, cum id posset infitiari, repente praeter opinionem omnium confessus est. Ita eum non modo ingenium illud et dicendi exercitatio, qua semper valuit, sed etiam propter vim sceleris manifesti atque deprehensi impudentia, qua superabat omnes, improbitasque defecit. (12) Volturcius vero subito litteras proferri atque aperiri iubet, quas sibi a Lentulo ad Catilinam datas esse dicebat. Atque ibi vehementissime perturbatus Lentulus tamen et signum et manum suam cognovit. Erant autem sine nomine, sed ita: „Quis sim, scies ex eo, quem ad te misi. Cura, ut vir sis, et cogita, quem in locum sis progressus. Vide, quid tibi iam sit necesse, et cura, ut omnium tibi auxilia adiungas, etiam infimorum." Gabinius deinde introductus, cum primo impudenter respondere coepisset, ad extremum nihil ex iis, quae Galli insimulabant, negavit. (13) Ac mihi quidem, Quirites, cum illa certissima visa sunt argumenta atque indicia sceleris, tabellae, signa, manus, denique unius cuiusque confessio, tum multo certiora illa, color, oculi, voltus, taciturnitas. Sic enim obstupuerant, sic terram intuebantur, sic furtim non numquam inter sese aspiciebant, ut non iam ab aliis indicari, sed indicare se ipsi viderentur.

Indiciis expositis atque editis, Quirites, senatum consului, de summa re publica quid fieri placeret. Dictae sunt a principibus acerrimae ac fortissimae sententiae, quas senatus sine ulla varietate est secutus. Et quoniam nondum est perscriptum senatus consultum, ex memoria vobis, Quirites, quid senatus censuerit, exponam. (14) Primum mihi gratiae verbis amplissimis aguntur, quod virtute, consilio, providentia mea res publica maximis periculis sit liberata. Deinde L. Flaccus et C. Pomptinus praetores, quod eorum opera forti fidelique usus essem, merito ac iure laudantur. Atque etiam viro forti, collegae meo, laus impertitur, quod eos, qui huius coniurationis participes fuissent, a suis et a rei publicae consiliis removisset. Atque ita censuerunt, ut P. Lentulus, cum se praetura abdicasset, in custodiam traderetur; itemque uti C. Cethegus, L. Statilius, P. Gabinius, qui omnes praesentes erant, in custodiam traderentur; atque idem hoc decretum est in L. Cassium, qui sibi procurationem incendendae urbis depoposcerat, in M. Caeparium, cui ad sollicitandos pastores Apuliam attributam esse erat indicatum, in P. Furium, qui est ex iis colonis, quos Faesulas L. Sulla deduxit, in Q. Annium Chilonem, qui una cum hoc Furio semper erat in hac Allobrogum sollicitatione versatus, in P. Umbrenum, libertinum hominem, a quo primum Gallos ad Gabinium perductos esse constabat. Atque ea lenitate senatus est usus, Quirites, ut ex tanta coniuratione tantaque hac multitudine domesticorum hostium novem hominum perditissimorum poena re publica conservata reliquorum mentes sanari posse arbitraretur. (15) Atque etiam supplicatio dis immortalibus pro singulari eorum merito meo nomine decreta est, quod mihi primum post hanc urbem conditam togato contigit, et his decreta verbis est, „quod urbem incendiis, caede cives, Italiam bello liberassem." Quae supplicatio si cum ceteris supplicationibus conferatur, hoc interest, quod ceterae bene gesta, haec una conservata re publica constituta est. Atque illud, quod faciendum primum fuit, factum atque transactum est. Nam P. Lentulus, quamquam patefactis indiciis, confessionibus suis, iudicio senatus non modo praetoris ius, verum etiam civis amiserat, tamen magistratu se abdicavit, ut, quae religio C. Mario, clarissimo viro, non fuerat, quo minus C. Glauciam, de quo nihil nominatim erat decretum, praetorem occideret, ea nos religione in privato P. Lentulo puniendo liberaremur.

argumentatio prima

(16) Nunc quoniam, Quirites, consceleratissimi periculosissimique belli nefarios duces captos iam et comprehensos tenetis, existimare debetis omnes Catilinae copias, omnes spes atque opes his depulsis urbis periculis concidisse. Quem quidem ego cum ex urbe pellebam, hoc providebam animo, Quirites, remoto Catilina non mihi esse P. Lentuli somnum nec L. Cassi adipes nec C. Cethegi furiosam temeritatem pertimescendam. Ille erat unus timendus ex istis omnibus, sed tam diu, dum urbis moenibus continebatur. Omnia norat, omnium aditus tenebat; appellare, temptare, sollicitare poterat, audebat. Erat ei consilium ad facinus aptum, consilio autem neque manus neque lingua deerat. Iam ad certas res conficiendas certos homines delectos ac descriptos habebat. Neque vero, cum aliquid mandarat, confectum putabat: nihil erat, quod non ipse obiret, occurreret, vigilaret, laboraret; frigus, sitim, famem ferre poterat. (17) Hunc ego hominem tam acrem, tam audacem, tam paratum, tam callidum, tam in scelere vigilantem, tam in perditis rebus diligentem nisi ex domesticis insidiis in castrense latrocinium compulissem – dicam id, quod sentio, Quirites – non facile hanc tantam molem mali a cervicibus vestris depulissem. Non ille nobis Saturnalia constituisset neque tanto ante exitii ac fati diem

rei publicae denuntiavisset neque commisisset, ut signum, ut litterae suae testes manifesti sceleris deprehenderentur. Quae nunc illo absente sic gesta sunt, ut nullum in privata domo furtum umquam sit tam palam inventum, quam haec tanta in re publica coniuratio manifesto inventa atque deprehensa est. Quod si Catilina in urbe ad hanc diem remansisset, quamquam, quoad fuit, omnibus eius consiliis occurri atque obstiti, tamen, ut levissime dicam, dimicandum nobis cum illo fuisset, neque nos umquam, cum ille in urbe hostis esset, tantis periculis rem publicam tanta pace, tanto otio, tanto silentio liberassemus.

argumentatio secunda

(18) Quamquam haec omnia, Quirites, ita sunt a me administrata, ut deorum immortalium nutu atque consilio et gesta et provisa esse videantur. Idque cum coniectura consequi possumus, quod vix videtur humani consilii tantarum rerum gubernatio esse potuisse, tum vero ita praesentes his temporibus opem et auxilium nobis tulerunt, ut eos paene oculis videre possimus. Nam ut illa omittam, visas nocturno tempore ab occidente faces ardoremque caeli, ut fulminum iactus, ut terrae motus relinquam, ut omittam cetera, quae tam multa nobis consulibus facta sunt, ut haec, quae nunc fiunt, canere di immortales viderentur, hoc certe, Quirites, quod sum dicturus, neque praetermittendum neque relinquendum est. (19) Nam profecto memoria tenetis Cotta et Torquato consulibus complures in Capitolio res de caelo esse percussas, cum et simulacra deorum depulsa sunt et statuae veterum hominum deiectae et legum aera liquefacta et tactus etiam ille, qui hanc urbem condidit, Romulus, quem inauratum in Capitolio,

parvum atque lactantem, uberibus lupinis inhiantem fuisse meministis. Quo quidem tempore cum haruspices ex tota Etruria convenissent, caedes atque incendia et legum interitum et bellum civile ac domesticum et totius urbis atque imperii occasum appropinquare dixerunt, nisi di immortales omni ratione placati suo numine prope fata ipsa flexissent. (20) Itaque illorum responsis tum et ludi per decem dies facti sunt, neque res ulla, quae ad placandos deos pertineret, praetermissa est. Iidemque iusserunt simulacrum Iovis facere maius et in excelso conlocare et contra, atque antea fuerat, ad orientem convertere; ac se sperare dixerunt, si illud signum, quod videtis, solis ortum et forum curiamque conspiceret, fore ut ea consilia, quae clam essent inita contra salutem urbis atque imperii, inlustrarentur, ut a senatu populoque Romano perspici possent. Atque illud signum conlocandum consules illi locaverunt; sed tanta fuit operis tarditas, ut neque superioribus consulibus neque nobis ante hodiernum diem conlocaretur. (21) Hic quis potest esse tam aversus a vero, tam praeceps, tam mente captus, qui neget haec omnia, quae videmus, praecipueque hanc urbem deorum immortalium nutu ac potestate administrari? Etenim, cum esset ita responsum, caedes, incendia, interitum rei publicae comparari, et ea per cives, quae tum propter magnitudinem scelerum non nullis incredibilia videbantur, ea non modo cogitata a nefariis civibus, verum etiam suscepta esse sensistis. Illud vero nonne ita praesens est, ut nutu Iovis Optimi Maximi factum esse videatur, ut, cum hodierno die mane per forum meo iussu et coniurati et eorum indices in aedem Concordiae ducerentur, eo ipso tempore signum statueretur? Quo conlocato atque ad vos senatumque converso omnia et senatus et vos, quae erant contra salutem omnium cogitata, inlustrata et patefacta vidistis.

(22) Quo etiam maiore sunt isti odio supplicioque digni, qui non solum vestris domiciliis atque tectis, sed etiam deorum templis atque delubris sunt funestos ac nefarios ignes inferre conati. Quibus ego si me restitisse dicam, nimium mihi sumam et non sim ferendus; ille, ille Iuppiter restitit; ille Capitolium, ille haec templa, ille cunctam urbem, ille vos omnes salvos esse voluit. Dis ego immortalibus ducibus hanc mentem voluntatemque suscepi atque ad haec tanta indicia perveni. Iam vero illa Allobrogum sollicitatio, iam ab Lentulo ceterisque domesticis hostibus tam dementer tantae res creditae et ignotis et barbaris commissaeque litterae numquam essent profecto, nisi ab dis immortalibus huic tantae audaciae consilium esset ereptum. Quid vero? Ut homines Galli ex civitate male pacata, quae gens una restat, quae bellum populo Romano facere et posse et non nolle videatur, spem imperii ac rerum maximarum ultro sibi a patriciis hominibus oblatam neglegerent vestramque salutem suis opibus anteponerent, id non divinitus esse factum putatis, praesertim qui nos non pugnando, sed tacendo superare potuerunt?

peroratio

(23) Quam ob rem, Quirites, quoniam ad omnia pulvinaria supplicatio decreta est, celebratote illos dies cum coniugibus ac liberis vestris. Nam multi saepe honores dis immortalibus iusti habiti sunt ac debiti, sed profecto iustiores numquam. Erepti enim estis ex crudelissimo ac miserrimo interitu, erepti sine caede, sine sanguine, sine exercitu, sine dimicatione; togati me uno togato duce et imperatore vicistis.

(24) Etenim recordamini, Quirites, omnes civiles dissensiones, non solum eas, quas audistis, sed eas, quas

vosmet ipsi meministis atque vidistis. L. Sulla P. Sulpicium oppressit; C. Marium, custodem huius urbis, multosque fortes viros partim eiecit ex civitate, partim interemit. Cn. Octavius consul armis expulit ex urbe collegam; omnis hic locus acervis corporum et civium sanguine redundavit. Superavit postea Cinna cum Mario; tum vero clarissimis viris interfectis lumina civitatis exstincta sunt. Ultus est huius victoriae crudelitatem postea Sulla; ne dici quidem opus est, quanta deminutione civium et quanta calamitate rei publicae. Dissensit M. Lepidus a clarissimo et fortissimo viro, Q. Catulo; attulit non tam ipsius interitus rei publicae luctum quam ceterorum. (25) Atque illae dissensiones erant eius modi, Quirites, quae non ad delendam, sed ad commutandam rem publicam pertinerent. Non illi nullam esse rem publicam, sed in ea, quae esset, se esse principes, neque hanc urbem conflagrare, sed se in hac urbe florere voluerunt. Atque illae dissensiones, quarum nulla exitium rei publicae quaesivit, eius modi fuerunt, ut non reconciliatione concordiae, sed internicione civium diiudicatae sint. In hoc autem uno post hominum memoriam maximo crudelissimoque bello, quale bellum nulla umquam barbaria cum sua gente gessit, quo in bello lex haec fuit a Lentulo, Catilina, Cethego, Cassio constituta, ut omnes, qui salva urbe salvi esse possent, in hostium numero ducerentur, ita me gessi, Quirites, ut salvi omnes conservaremini, et, cum hostes vestri tantum civium superfuturum putassent, quantum infinitae caedi restitisset, tantum autem urbis, quantum flamma obire non potuisset, et urbem et cives integros incolumesque servavi.

(26) Quibus pro tantis rebus, Quirites, nullum ego a vobis praemium virtutis, nullum insigne honoris, nullum monumentum laudis postulo praeterquam huius diei memoriam sempiternam. In animis ego vestris omnes

triumphos meos, omnia ornamenta honoris, monumenta gloriae, laudis insignia condi et conlocari volo. Nihil me mutum potest delectare, nihil tacitum, nihil denique eius modi, quod etiam minus digni adsequi possint. Memoria vestra, Quirites, nostrae res alentur, sermonibus crescent, litterarum monumentis inveterascent et conroborabuntur; eandemque diem intellego, quam spero aeternam fore, propagatam esse et ad salutem urbis et ad memoriam consulatus mei unoque tempore in hac re publica duos cives exstitisse, quorum alter fines vestri imperii non terrae, sed caeli regionibus terminaret, alter eiusdem imperii domicilium sedesque servaret.

(27) Sed quoniam earum rerum, quas ego gessi, non eadem est fortuna atque condicio quae illorum, qui externa bella gesserunt, quod mihi cum iis vivendum est, quos vici ac subegi, illi hostes aut interfectos aut oppressos reliquerunt, vestrum est, Quirites, si ceteris facta sua recte prosunt, mihi mea ne quando obsint, providere. Mentes enim hominum audacissimorum sceleratae ac nefariae ne vobis nocere possent, ego providi, ne mihi noceant, vestrum est providere. Quamquam, Quirites, mihi quidem ipsi nihil ab istis iam noceri potest. Magnum enim est in bonis praesidium, quod mihi in perpetuum comparatum est, magna in re publica dignitas, quae me semper tacita defendet, magna vis conscientiae, quam qui neglegunt, cum me violare volent, se indicabunt. (28) Est enim in nobis is animus, Quirites, ut non modo nullius audaciae cedamus, sed etiam omnes improbos ultro semper lacessamus. Quodsi omnis impetus domesticorum hostium depulsus a vobis se in me unum converterit, vobis erit videndum, Quirites, qua condicione posthac eos esse velitis, qui se pro salute vestra obtulerint invidiae periculisque omnibus; mihi quidem ipsi quid est, quod iam ad vitae fructum possit adquiri, cum praesertim neque

in honore vestro neque in gloria virtutis quicquam videam altius, quo mihi libeat ascendere? (29) Illud perficiam profecto, Quirites, ut ea, quae gessi in consulatu, privatus tuear atque ornem, ut, si qua est invidia in conservanda re publica suscepta, laedat invidos, mihi valeat ad gloriam. Denique ita me in re publica tractabo, ut meminerim semper, quae gesserim, curemque, ut ea virtute, non casu gesta esse videantur. Vos, Quirites, quoniam iam est nox, venerati Iovem illum, custodem huius urbis ac vestrum, in vestra tecta discedite et ea, quamquam iam est periculum depulsum, tamen aeque ac priore nocte custodiis vigiliisque defendite. Id ne vobis diutius faciendum sit, atque ut in perpetua pace esse possitis, providebo, Quirites.

Quibus rebus commota oratione Ciceronis habita tertia plebs mentem penitus mutaverit

Interea plebs coniuratione patefacta, quae primo cupida rerum novarum nimis bello favebat, mutata mente Catilinae consilia exsecrari, Ciceronem ad caelum tollere: veluti ex servitute erepta gaudium atque laetitiam agitabat. Namque alia belli facinora praedae magis quam detrimento fore, incendium vero crudele, inmoderatum ac sibi maxume calamitosum putabat, quippe quoi omnes copiae in usu cottidiano et cultu corporis erant.

(Sallustius, Catilina 48, 1–2)

M. TULLI CICERONIS ORATIO IN CATILINAM QUARTA IN SENATU HABITA

prooemium

(1) Video, patres conscripti, in me omnium vestrum ora atque oculos esse conversos; video vos non solum de vestro ac rei publicae, verum etiam, si id depulsum sit, de meo periculo esse sollicitos. Est mihi iucunda in malis et grata in dolore vestra erga me voluntas, sed eam, per deos immortales, deponite atque obliti salutis meae de vobis ac de vestris liberis cogitate. Mihi si haec condicio consulatus data est, ut omnes acerbitates, omnes dolores cruciatusque perferrem, feram non solum fortiter, verum etiam libenter, dum modo meis laboribus vobis populoque Romano dignitas salusque pariatur. (2) Ego sum ille consul, patres conscripti, cui non forum, in quo omnis aequitas continetur, non campus consularibus auspiciis consecratus, non curia, summum auxilium omnium gentium, non domus, commune perfugium, non lectus ad quietem datus, non denique haec sedes honoris umquam vacua mortis periculo atque insidiis fuit. Ego multa tacui, multa pertuli, multa concessi, multa meo quodam dolore in vestro timore sanavi. Nunc si hunc exitum consulatus mei di immortales esse voluerunt, ut vos populumque Romanum ex caede miserrima, coniuges liberosque vestros virginesque Vestales ex acerbissima vexatione, templa atque delubra, hanc pulcherrimam patriam omnium nostrum ex foedissima flamma, totam Italiam ex bello et vastitate eriperem, quaecumque mihi uni proponetur fortuna, subeatur. Etenim, si P. Lentulus suum nomen inductus a vatibus fatale ad perniciem rei

publicae fore putavit, cur ego non laeter meum consulatum ad salutem populi Romani prope fatalem exstitisse?

(3) Qua re, patres conscripti, consulite vobis, prospicite patriae, conservate vos, coniuges, liberos fortunasque vestras, populi Romani nomen salutemque defendite; mihi parcere ac de me cogitare desinite. Nam primum debeo sperare omnes deos, qui huic urbi praesident, pro eo mihi ac mereor relaturos esse gratiam; deinde, si quid obtigerit, aequo animo paratoque moriar. Nam neque turpis mors forti viro potest accidere neque immatura consulari nec misera sapienti. Nec tamen ego sum ille ferreus, qui fratris carissimi atque amantissimi praesentis maerore non movear horumque omnium lacrimis, a quibus me circumsessum videtis. Neque meam mentem non domum saepe revocat exanimata uxor et abiecta metu filia et parvulus filius, quem mihi videtur amplecti res publica tamquam obsidem consulatus mei, neque ille, qui exspectans huius exitum diei stat in conspectu meo, gener. Moveor his rebus omnibus, sed in eam partem, uti salvi sint vobiscum omnes, etiam si me vis aliqua oppresserit, potius, quam et illi et nos una rei publicae peste pereamus.

(4) Qua re, patres conscripti, incumbite ad salutem rei publicae, circumspicite omnes procellas, quae impendent, nisi providetis. Non Ti. Gracchus, quod iterum tribunus plebis fieri voluit, non C. Gracchus, quod agrarios concitare conatus est, non L. Saturninus, quod C. Memmium occidit, in discrimen aliquod atque in vestrae severitatis iudicium adducitur: tenentur ei, qui ad urbis incendium, ad vestram omnium caedem, ad Catilinam accipiendum Romae restiterunt; tenentur litterae, signa, manus, denique unius cuiusque confessio; sollicitantur Allobroges, servitia excitantur, Catilina arcessitur; id est initum consilium, ut interfectis omnibus nemo ne ad deplorandum quidem populi Romani nomen atque ad

lamentandam tanti imperii calamitatem relinquatur.

narratio

(5) Haec omnia indices detulerunt, rei confessi sunt, vos multis iam iudiciis iudicavistis, primum quod mihi gratias egistis singularibus verbis et mea virtute atque diligentia perditorum hominum coniurationem patefactam esse decrevistis, deinde, quod P. Lentulum se abdicare praetura coegistis, tum, quod cum et ceteros, de quibus iudicastis, in custodiam dandos censuistis, maximeque, quod meo nomine supplicationem decrevistis, qui honos togato habitus ante me est nemini; postremo hesterno die praemia legatis Allobrogum Titoque Volturcio dedistis amplissima. Quae sunt omnia eius modi, ut ei, qui in custodiam nominatim dati sunt, sine ulla dubitatione a vobis damnati esse videantur.

(6) Sed ego institui referre ad vos, patres conscripti, tamquam integrum, et de facto quid iudicetis, et de poena quid censeatis. Illa praedicam, quae sunt consulis. Ego magnum in re publica versari furorem et nova quaedam misceri et concitari mala iam pridem videbam, sed hanc tantam, tam exitiosam haberi coniurationem a civibus numquam putavi. Nunc, quicquid est, quocumque vestrae mentes inclinant atque sententiae, statuendum vobis ante noctem est. Quantum facinus ad vos delatum sit, videtis. Huic si paucos putatis adfines esse, vehementer erratis. Latius opinione disseminatum est hoc malum; manavit non solum per Italiam, verum etiam transcendit Alpes et obscure serpens multas iam provincias occupavit. Id opprimi sustentando et prolatando nullo pacto potest; quacumque ratione placet, celeriter vobis vindicandum est.

(7) Video duas adhuc esse sententias, unam D. Silani, qui censet eos, qui haec delere conati sunt, morte esse multandos, alteram C. Caesaris, qui mortis poenam

removet, ceterorum suppliciorum omnes acerbitates amplectitur. Uterque et pro sua dignitate et pro rerum magnitudine in summa severitate versatur. Alter eos, qui nos omnes vita privare conati sunt, qui delere imperium, qui populi Romani nomen exstinguere, punctum temporis frui vita et hoc communi spiritu non putat oportere atque hoc genus poenae saepe in improbos cives in hac re publica esse usurpatum recordatur. Alter intellegit mortem a dis immortalibus non esse supplicii causa constitutam, sed aut necessitatem naturae aut laborum ac miseriarum quietem. Itaque eam sapientes numquam inviti, fortes saepe etiam libenter oppetiverunt. Vincula vero et ea sempiterna certe ad singularem poenam nefarii sceleris inventa sunt. Municipiis dispertiri iubet. Habere videtur ista res iniquitatem, si imperare velis, difficultatem, si rogare. Decernatur tamen, si placet. (8) Ego enim suscipiam et, ut spero, reperiam, qui id, quod salutis omnium causa statueritis, non putent esse suae dignitatis recusare. Adiungit gravem poenam municipiis, si quis eorum vincula ruperit; horribiles custodias circumdat et dignas scelere hominum perditorum; sancit, ne quis eorum poenam, quos condemnat, aut per senatum aut per populum levare possit; eripit etiam spem, quae sola homines in miseriis consolari solet. Bona praeterea publicari iubet, vitam solam relinquit nefariis hominibus; quam si eripuisset, multos una dolores animi atque corporis miserias et omnes scelerum poenas ademisset. Itaque ut aliqua in vita formido improbis esset proposita, apud inferos eius modi quaedam illi antiqui supplicia impiis constituta esse voluerunt, quod videlicet intellegebant his remotis non esse mortem ipsam pertimescendam.

egressio

(9) Nunc, patres conscripti, ego mea video quid intersit. Si eritis secuti sententiam C. Caesaris, quoniam hanc is in re publica viam, quae popularis habetur, secutus est, fortasse minus erunt hoc auctore et cognitore huiusce sententiae mihi populares impetus pertimescendi; sin illam alteram, nescio an amplius mihi negotii contrahatur. Sed tamen meorum periculorum rationes utilitas rei publicae vincat. Habemus enim a Caesare, sicut ipsius dignitas et maiorum eius amplitudo postulabat, sententiam tamquam obsidem perpetuae in rem publicam voluntatis. Intellectum est, quid interesset inter levitatem contionatorum et animum vere popularem saluti populi consulentem. (10) Video de istis, qui se populares haberi volunt, abesse non neminem, ne de capite videlicet civium Romanorum sententiam ferat; is et nudius tertius in custodiam cives Romanos dedit et supplicationem mihi decrevit et indices hesterno die maximis praemiis adfecit. Iam hoc nemini dubium est, qui reo custodiam, quaesitori gratulationem, indici praemium decrerit, quid de tota re et causa iudicarit. At vero C. Caesar intellegit legem Semproniam esse de civibus Romanis constitutam; qui autem rei publicae sit hostis, eum civem esse nullo modo posse; denique ipsum latorem Semproniae legis iniussu populi poenas rei publicae dependisse. Idem ipsum Lentulum, largitorem et prodigum, non putat, cum de pernicie populi Romani, exitio huius urbis tam acerbe, tam crudeliter cogitarit, etiam appellari posse popularem. Itaque homo mitissimus atque lenissimus non dubitat P. Lentulum aeternis tenebris vinculisque mandare et sancit in posterum, ne quis huius supplicio levando se iactare et in pernicie populi Romani posthac popularis esse possit. Adiungit etiam publicationem

bonorum, ut omnes animi cruciatus et corporis etiam egestas ac mendicitas consequatur.

argumentatio prima

(11) Quam ob rem, sive hoc statueritis, dederitis mihi comitem ad contionem populo carum atque iucundum, sive Silani sententiam sequi malueritis, facile me atque vos a crudelitatis vituperatione populo Romano liberabit atque obtinebo eam multo leniorem fuisse. Quamquam, patres conscripti, quae potest esse in tanti sceleris immanitate punienda crudelitas? Ego enim de meo sensu iudico. Nam ita mihi salva re publica vobiscum perfrui liceat, ut ego, quod in hac causa vehementior sum, non atrocitate animi moveor – quis enim est me mitior? – , sed singulari quadam humanitate et misericordia. Videor enim mihi videre hanc urbem, lucem orbis terrarum atque arcem omnium gentium, subito uno incendio concidentem. Cerno animo sepulta in patria miseros atque insepultos acervos civium, versatur mihi ante oculos aspectus Cethegi et furor in vestra caede bacchantis. (12) Cum vero mihi proposui regnantem Lentulum, sicut ipse se ex fatis sperasse confessus est, purpuratum esse huic Glabinium, cum exercitu venisse Catilinam, tum lamentationem matrum familias, tum fugam virginum atque puerorum ac vexationem virginum Vestalium perhorresco et, quia mihi vehementer haec videntur misera atque miseranda, idcirco in eos, qui ea perficere voluerunt, me severum vehementemque praebebo. Etenim quaero, si quis pater familias liberis suis a servo interfectis, uxore occisa, incensa domo supplicium de servo non quam acerbissumum sumpserit, utrum is clemens ac misericors an inhumanissimus et crudelissimus esse videatur. Mihi

vero importunus ac ferreus, qui non dolore et cruciatu nocentis suum dolorem cruciatumque lenierit. Sic nos in his hominibus, qui nos, qui coniuges, qui liberos nostros trucidare voluerunt, qui singulas unius cuiusque nostrum domos et hoc universum rei publicae domicilium delere conati sunt, qui id egerunt, ut gentem Allobrogum in vestigiis huius urbis atque in cinere deflagrati imperii conlocarent, si vehementissimi fuerimus, misericordes habebimur; sin remissiores esse voluerimus, summae nobis crudelitatis in patriae civiumque pernicie fama subeunda est. (13) Nisi vero cuipiam L. Caesar, vir fortissimus et amantissimus rei publicae, crudelior nudius tertius visus est, cum sororis suae, feminae lectissimae, virum praesentem et audientem vita privandum esse dixit, cum avum suum iussu consulis interfectum filiumque eius impuberem legatum a patre missum in carcere necatum esse dixit. Quorum quod simile factum, quod initum delendae rei publicae consilium? Largitionis voluntas tum in re publica versata est et partium quaedam contentio. Atque illo tempore huius avus Lentuli, vir clarissimus, armatus Gracchum est persecutus. Ille etiam grave tum vulnus accepit, ne quid de summa rei publicae deminueretur; hic ad evertenda fundamenta rei publicae Gallos arcessit, servitia concitat, Catilinam vocat, attribuit nos trucidandos Cethego et ceteros cives interficiendos Gabinio, urbem inflammandam Cassio, totam Italiam vastandam diripiendamque Catilinae. Vereamini minus, censeo, ne in hoc scelere tam immani ac nefando nimis aliquid severius statuisse videamini; multo magis est verendum, ne remissione poenae crudeles in patriam quam ne severitate animadversionis nimis vehementes in acerbissimos hostes fuisse videamur.

argumentatio secunda

(14) Sed ea, quae exaudio, patres conscripti, dissimulare non possum. Iaciuntur enim voces, quae perveniunt ad aures meas eorum, qui vereri videntur, ut habeam satis praesidii ad ea, quae vos statueritis hodierno die, transigenda. Omnia et provisa et parata et constituta sunt, patres conscripti, cum mea summa cura atque diligentia, tum etiam multo maiore populi Romani ad summum imperium retinendum et ad communes fortunas conservandas voluntate. Omnes adsunt omnium ordinum homines, omnium generum, omnium denique aetatum; plenum est forum, plena templa circum forum, pleni omnes aditus huius templi ac loci. Causa est enim post urbem conditam haec inventa sola, in qua omnes sentirent unum atque idem praeter eos, qui cum sibi viderent esse pereundum, cum omnibus potius quam soli perire voluerunt.

(15) Hosce ego homines excipio et secerno libenter neque in improborum civium, sed in acerbissimorum hostium numero habendos puto. Ceteri vero, di immortales, qua frequentia, quo studio, qua virtute ad communem salutem dignitatemque consentiunt! Quid ego hic equites Romanos commemorem? Qui vobis ita summam ordinis consiliique concedunt, ut vobiscum de amore rei publicae certent; quos ex multorum annorum dissensione huius ordinis ad societatem concordiamque revocatos hodiernus dies vobiscum atque haec causa coniungit. Quam si coniunctionem in consulatu confirmatam meo perpetuam in re publica tenuerimus, confirmo vobis nullum posthac malum civile ac domesticum ad ullam rei publicae partem esse venturum. Pari studio defendendae rei publicae convenisse video tribunos aerarios, fortissimos viros; scribas item universos, quos cum casu hic dies ad aerarium frequentasset, video

ab exspectatione sortis ad salutem communem esse conversos. (16) Omnis ingenuorum adest multitudo, etiam tenuissimorum. Quis est enim, cui non haec templa, aspectus urbis, possessio libertatis, lux denique haec ipsa et commune patriae solum cum sit carum, tum vero dulce atque iucundum? Operae pretium est, patres conscripti, libertinorum hominum studia cognoscere, qui sua virtute fortunam huius civitatis consecuti vere hanc suam patriam esse iudicant, quam quidam hic nati, et summo nati loco, non patriam suam, sed urbem hostium esse iudicaverunt. Sed quid ego hosce ordines atque homines commemoro, quos privatae fortunae, quos communis res publica, quos denique libertas, ea quae dulcissima est, ad salutem patriae defendendam excitavit? Servus est nemo, qui modo tolerabili condicione sit servitutis, qui non audaciam civium perhorrescat, qui non haec stare cupiat, qui non quantum audet et quantum potest conferat ad communem salutem voluntatis. (17) Qua re si quem vestrum forte commovet hoc, quod auditum est, lenonem quendam Lentuli concursare circum tabernas, pretio sperare sollicitari posse animos egentium atque imperitorum, est id quidem coeptum atque temptatum, sed nulli sunt inventi tam aut fortuna miseri aut voluntate perditi, qui non illum ipsum sellae atque operis et quaestus cotidiani locum, qui non cubile ac lectulum suum, qui denique non cursum hunc otiosum vitae suae salvum esse velint. Multo vero maxima pars eorum, qui in tabernis sunt, immo vero – id enim potius est dicendum – genus hoc universum amantissimum est otii. Etenim omne instrumentum, omnis opera atque quaestus frequentia civium sustentatur, alitur otio; quorum si quaestus occlusis tabernis minui solet, quid tandem incensis futurum fuit?

argumentatio tertia

(18) Quae cum ita sint, patres conscripti, vobis populi Romani praesidia non desunt; vos, ne populo Romano deesse videamini, providete. Habetis consulem ex plurimis periculis et insidiis atque ex media morte non ad vitam suam, sed ad salutem vestram reservatum. Omnes ordines ad conservandam rem publicam mente, voluntate, voce consentiunt. Obsessa facibus et telis impiae coniurationis vobis supplex manus tendit patria communis, vobis se, vobis vitam omnium civium, vobis arcem et Capitolium, vobis aras Penatium, vobis illum ignem Vestae sempiternum, vobis omnium deorum templa atque delubra, vobis muros atque urbis tecta commendat. Praeterea de vestra vita, de coniugum vestrarum atque liberorum anima, de fortunis omnium, de sedibus, de focis vestris hodierno die vobis iudicandum est. (19) Habetis ducem memorem vestri, oblitum sui, quae non semper facultas datur; habetis omnes ordines, omnes homines, universum populum Romanum, id quod in civili causa hodierno die primum videmus, unum atque idem sentientem. Cogitate, quantis laboribus fundatum imperium, quanta virtute stabilitam libertatem, quanta deorum benignitate auctas exaggeratasque fortunas una nox paene delerit. Id ne umquam posthac non modo non confici, sed ne cogitari quidem possit a civibus, hodierno die providendum est. Atque haec, non ut vos, qui mihi studio paene praecurritis, excitarem, locutus sum, sed ut mea vox, quae debet esse in re publica princeps, officio functa consulari videretur.

egressio

(20) Nunc ante quam ad sententiam redeo, de me pauca dicam. Ego, quanta manus est coniuratorum, quam videtis esse permagnam, tantam me inimicorum multitudi-

nem suscepisse video; sed eam turpem iudico et infirmam et abiectam. Quod si aliquando alicuius furore et scelere concitata manus ista plus valuerit quam vestra ac rei publicae dignitas, me tamen meorum factorum atque consiliorum numquam, patres conscripti, paenitebit. Etenim mors, quam illi fortasse minitantur, omnibus est parata; vitae tantam laudem, quanta vos me vestris decretis honestastis, nemo est adsecutus; ceteris enim bene gesta, mihi uni conservata re publica gratulationem decrevistis. (21) Sit Scipio clarus ille, cuius consilio atque virtute Hannibal in Africam redire atque Italia decedere coactus est, ornetur alter eximia laude Africanus, qui duas urbes huic imperio infestissimas, Karthaginem Numantiamque, delevit, habeatur vir egregius Paullus ille, cuius currum rex potentissimus quondam et nobilissimus Perses honestavit, sit aeterna gloria Marius, qui bis Italiam obsidione et metu servitutis liberavit, anteponatur omnibus Pompeius, cuius res gestae atque virtutes isdem, quibus solis cursus, regionibus ac terminis continentur: erit profecto inter horum laudes aliquid loci nostrae gloriae, nisi forte maius est patefacere nobis provincias, quo exire possimus, quam curare, ut etiam illi, qui absunt, habeant, quo victores revertantur.

(22) Quamquam est uno loco condicio melior externae victoriae quam domesticae, quod hostes alienigenae aut oppressi serviunt aut recepti in amicitiam beneficio se obligatos putant; qui autem ex numero civium dementia aliqua depravati hostes patriae semel esse coeperunt, eos cum a pernicie rei publicae reppuleris, nec vi coercere nec beneficio placare possis. Qua re mihi cum perditis civibus aeternum bellum susceptum esse video. Id ego vestro bonorumque omnium auxilio memoriaque tantorum periculorum, quae non modo in hoc populo, qui servatus est, sed in omnium gentium sermonibus ac mentibus semper haerebit, a me atque a meis facile propulsari posse confido.

Neque ulla profecto tanta vis reperietur, quae coniunctionem vestram equitumque Romanorum et tantam conspirationem bonorum omnium confringere et labefactare possit.

peroratio

(23) Quae cum ita sint, pro imperio, pro exercitu, pro provincia, quam neglexi, pro triumpho ceterisque laudis insignibus, quae sunt a me propter urbis vestraeque salutis custodiam repudiata, pro clientelis hospitiisque provincialibus, quae tamen urbanis opibus non minore labore tueor quam comparo, pro his igitur omnibus rebus, pro meis in vos singularibus studiis proque hac, quam perspicitis, ad conservandam rem publicam diligentia nihil a vobis nisi huius temporis totiusque mei consulatus memoriam postulo: quae dum erit in vestris fixa mentibus, tutissimo me muro saeptum esse arbitrabor. Quod si meam spem vis inproborum fefellerit atque superaverit, commendo vobis parvum meum filium, cui profecto satis erit praesidii non solum ad salutem, verum etiam ad dignitatem, si eius, qui haec omnia suo solius periculo conservarit, illum filium esse memineritis.

(24) Quapropter de summa salute vestra populique Romani, de vestris coniugibus ac liberis, de aris ac focis, de fanis atque templis, de totius urbis tectis ac sedibus, de imperio ac libertate, de salute Italiae, de universa re publica decernite diligenter, ut instituistis, ac fortiter. Habetis eum consulem, qui et parere vestris decretis non dubitet et ea, quae statueritis, quoad vivet, defendere et per se ipsum praestare possit.

Quid post orationem Ciceronis habitam quartam senatus Catone urgente faciendum esse censuerit

Ille senatus dies, quo haec acta sunt, virtutem M. Catonis iam multis in rebus conspicuam atque praenitentem in altissimo inluminavit. Hic genitus proavo M. Catone, principe illo familiae Porciae, homo virtuti simillimus et per omnia ingenio diis quam hominibus propior, qui numquam recte fecit, ut facere videretur, sed quia aliter facere non potuerat, cuique id solum visum est rationem habere, quod haberet iustitiae, omnibus humanis vitiis immunis semper fortunam in sua potestate habuit. Hic tribunus plebis designatus et adhuc admodum adulescens, cum alii suaderent, ut per municipia Lentulus coniuratique custodirentur, paene inter ultimos interrogatus sententiam tanta vi animi atque ingenii invectus est in coniurationem, eo ardore oris orationem omnium lenitatem suadentium societate consilii suspectam fecit, sic impendentia ex ruinis incendiisque urbis et commutatione status publici pericula exposuit, ita consulis virtutem amplificavit, ut universus senatus in eius sententiam transiret animadvertendumque in eos, quos praediximus, censeret maiorque pars ordinis eius Catonem prosequerentur domum.

(Velleius Paterculus 2, 35)

Legi Bruti epistulam eamque tibi remisi, sane non prudenter rescriptam ad ea quae requisieras. Sed ipse viderit. Quamquam illud turpiter ignorat: Catonem primum sententiam putat de animadversione dixisse, quam omnes ante dixerant praeter Caesarem, et, cum ipsius Caesaris tam severa fuerit, qui tum praetorio loco dixerit, consularium putat leniores fuisse, Catuli, Servili, Lucullorum, Curionis, Volcaci, Figuli, Cottae, L. Caesaris, C. Pisonis, M'. Glabrionis, etiam Silani, Murenae, designatorum consulum. Cur ergo in sententiam Catonis (senatus facta est discessio)? Quia verbis luculentioribus et pluribus rem eandem comprehenderat. Me autem hic laudat, quod rettulerim, non quod patefecerim, cohortatus sim, quod denique ante quam consulerem ipse iudicaverim. Quae omnia quia Cato laudibus extulerat in caelum perscribendaque censuerat, idcirco in eius sententiam est facta discessio. Hic autem se etiam tribuere multum mihi putat, quod scripserit „optimum consulem". Quis enim ieiunius dixit inimicus?

(Cicero ad Atticum 12, 21, 1)

Postquam [...] senatus in Catonis sententiam discessit, consul optumum factu ratus noctem quae instabat antecapere, ne quid eo spatio novaretur, tresviros quae supplicium postulabat parare iubet. Ipse praesidiis dispositis Lentulum in carcerem deducit; idem fit ceteris per praetores [...]. Vindices rerum capitalium, quibus praeceptum erat, laqueo gulam (Lentuli) fregere. Ita ille patricius ex gente clarissuma Corneliorum, qui consulare imperium Romae habuerat, dignum moribus factisque suis exitum invenit. De Cethego, Statilio, Gabinio, Caepario eodem modo supplicium sumptum est.

(Sallustius, Catilina 55)

Verzeichnis der Eigennamen

M'. Acilius Glabrio (Zusatz zur 4. Rede). 67 Konsul. Übergibt sein Kommando, das er 66 als Prokonsul in Bithynien und Pontus hat, an Pompeius.

L. Aemilius Paullus (4, 21). 183 und 168 Konsul; besiegt 168 bei Pydna den letzten Makedonenkönig Perseus. Vater des Scipio Minor.

M'. Aemilius Lepidus (1, 15 und 19). 66 Konsul, Freund Ciceros, unterstützt sein Vorgehen gegen die Catilinarier.

M. Aemilius Lepidus (3, 24). 78 Konsul, zunächst Anhänger Sullas, später sein Gegner, als er versuchte, dessen Reformen rückgängig zu machen. Er unterliegt Q. Lutatius Catulus im Kampf und flieht nach Sardinien, wo er auch stirbt.

Africanus siehe Cornelius.

Ager Arretinus (Zusatz zur 2. Rede). Gebiet um den etruskischen Ort Arretium.

Ahala siehe Servilius.

Allobroges (3, 4. 5. 6. 8. 10. 11. 14; 4, 4. 5. 12). Gallischer Stamm im Norden der *provincia Narbonensis*, dessen Aufstand im Jahr 61 von C. Pomptinus unterdrückt wird.

Q. Annius Chilo (3, 14). Senator aus plebejischem Geschlecht.

C. Antonius Hybrida (Zusatz zur 2. Rede; vgl. 3, 14). Ciceros Amtskollege; Sohn des entschiedenen Optimaten M. Antonius (143–87), den Cicero als idealen Rhetor gefeiert hat; Onkel des späteren Triumvirn M. Antonius.

Appenninus (2, 23). Hauptgebirgszug Italiens.

L. Appuleius Saturninus (1, 4. 29; 4, 4; Einleitung zum Text VII). Setzt im Jahr 100 als Volkstribun gewaltsam ein Ackergesetz zugunsten der Veteranen des Marius durch. Den opponierenden Konsulatskandidaten für

99 C. Memmius lässt er ermorden. Das darauf ergangene *senatus consultum ultimum* vollstreckt sein bisheriger Freund Marius. Saturninus wird am 10. Dezember 100 getötet. Vgl. auch unter C. Servilius Glaucia und C. Memmius.

Apulia (2, 6; 3, 14). Verödete Landschaft im Südosten Italiens. Kriegsschauplatz im Zweiten Punischen Krieg und im Bundesgenossenkrieg.

Arretinus ager (Zusatztext zur zweiten Rede): Gebiet um die etruskische Stadt Arretium.

L. Aurelius Cotta (3, 19; Zusatz zur 4. Rede). 65 Konsul. Auf seinen Antrag werden seit dem Jahr 70 die Gerichte wieder mit Senatoren, Rittern und Aerartribunen besetzt. Er unterstützt Cicero gegen Catilina und verwendet sich 57 für seine Rückkehr aus dem Exil.

Aurelia via (2, 6). Nach A. Aurelius Cotta (Censor 241) benannte Straße von Rom nach Pisa und Genua. An dieser Straße liegt südlich von Vulci der kleine Ort Forum Aurelium (1, 24).

Brutus siehe M. Iunius Brutus.

M. Caecilius Metellus (1, 19). Sonst unbekannter Mitverschworener Catilinas.

Q. Caecilius Metellus Celer (1, 19; 2, 5. 26). Beendet 63 als Praetor den Prozess gegen Rabirius. Greift in Gallia Citerior gegen Catilina ein. Wendet sich 60 als Konsul gegen die Forderungen des Pompeius; stirbt im folgenden Jahr. Sein Bruder war Q. Caecilius Metellus Nepos, der als Volkstribun Cicero nach seiner Amtsniederlegung in Bedrängnis brachte (vgl. die Einleitung X).

Caesar siehe Iulius.

Cn. Calpurnius Piso Frugi (Zusatz zur 4. Rede). Rhetoriklehrer Ciceros, entschiedener Republikaner, 61 Konsul, dient als Legat unter Pompeius. Sohn jenes Cn. Calpurnius Piso, der bei der Verschwörung des Jahres 65 führend beteiligt ist und im Jahr 65/64 in Spanien von Einheimischen ermordet wird.

Capitolium (3, 9. 19. 22; 4, 18). Die *arx* Roms mit dem Tempel der Iuno Moneta und dem 83 abgebrannten und 69 wieder aufgebauten Tempel des Iuppiter Optimus Maximus.

L. Cassius Longinus (3, 9. 14. 16. 25; 4, 13). 66 Praetor. Berwirbt sich vergeblich für das Konsulat des Jahres 63. Führendes Mitglied der Verschwörer, der nach gelungener Flucht in Abwesenheit zum Tode verurteilt wird.

Catilina siehe Sergius.

Cato siehe Porcius.

Catulus siehe Lutatius.

M. Caeparius (3, 14; Zusatz zur 4. Rede). Einer der am 5. Dezember 63 hingerichteten Verschwörer.

Cethegus siehe Cornelius.

Cinna siehe Cornelius.

M. Claudius Marcellus (1, 21). Warnt Cicero 63 vor Catilina. Als Konsul 51 Gegner Caesars. Nach seiner durch Cicero vermittelten Aussöhnung mit Caesar 45 ermordet.

Concordia (3, 21; 4, 14). Ihr Tempel liegt auf dem Forum gleich am Fuß des Kapitols (vgl. den Lageplan). Ort des Verhörs der Allobroger und der Senatssitzung vom 5. Dezember 63.

C. Cornelius Cethegus (3, 6. 8. 9. 10. 14. 16. 25; 4, 11. 13; Zusatz zur 4. Rede). Der radikalste der in Rom gebliebenen und am 5. Dezember hingerichteten Catilinarier.

L. Cornelius Cinna (3, 9. 24). Als Konsul 87 wegen Wortbruchs gegenüber Sulla von seinem Mitkonsul Cn. Octavius aus Rom vertrieben, erzwingt er mit Hilfe des Marius seine Rückkehr, wird erneut Konsul bis 84, dem Jahr, in dem er erschlagen wird, nachdem er als Popularer eine Schreckensherrschaft ausgeübt hatte.

P. Cornelius Lentulus Crus (Zusatz zur 4. Rede). Gegner Caesars, dient unter Pompeius in Spanien, 61 Ankläger des Clodius Pulcher wegen Religionsfrevels, verwendet sich 58 für die Rückkehr Ciceros aus dem Exil. Im Bürgerkrieg 48 getötet.

P. Cornelius Lentulus Sura (3, 4. 6. 8. 9. 10. 12. 14. 15. 16. 22. 25; 4, 2. 5. 10. 12. 13. 17). 71 Konsul, 63 Praetor. Kontaktmann der Catilinarier zu den Allobrogern, die ihn verraten. Am 3. Dezember legt er sein Amt als Praetor nieder und wird zwei Tage später hingerichtet. Sein Großvater P. Cornelius Lentulus, Konsul 162, beteiligte sich am Kampf gegen C. Gracchus (3, 10; 4, 13).

P. Cornelius Scipio Africanus (4, 21). 205 und 194 Konsul. Sieger 202 bei Zama über Hannibal, nachdem er diesen durch seine Invasion in Afrika gezwungen hatte, Italien zu verlassen.

P. Cornelius Scipio Africanus Aemilianus (4, 21). Sohn des Aemilius Paullus (siehe oben). Nach dessen Tod vom Vorigen adoptiert. Konsul 146 und 133. Zerstört 146 Karthago und 133 Numantia. 129 unter ungeklärten Umständen ums Leben gekommen. Gewährsmann Ciceros im „*Somnium Scipionis*" (Buch VI von *De re publica).*

P. Cornelius Scipio Nasica Serapio (1, 3). 138 Konsul, Gegner der Gracchen.

L. Cornelius Sulla (2, 20; 3, 9. 14. 24). Behauptet als Konsul 88 sein Kommando gegen Mithridates durch Ächtung seiner popularen Gegner. Nach erfolgreichem Kampf gegen Mithridates kehrt er 83 zurück und besiegt das populare Heer. Im Jahre 82 erneut Konsul beantwortet er die Schreckensherrschaft des Cinna mit noch übleren Proskriptionen gegen 4700 Bürger, deren Liegenschaften er unter seine Veteranen verteilt. Nutznießer seiner Gewaltmaßnahmen waren unter anderen Catilina und insbesondere der spätere Triumvir Crassus, der seinen ungeheueren Reichtum auf diese Weise erwarb. Sulla legt 79 sein Amt als *dictator* nieder und stirbt im folgenden Jahr.

Cotta siehe Aurelius und Aurelia via.

Crassus s. Licinius

Curia Hostilia (1, 32; 3, 20; 4, 2; Zusatz zur ersten Rede; vgl. den Lageplan) das Hauptversammlungsgebäude des Senats, von Tullus Hostilius, dem dritten König Roms, zusammen mit dem comitium errichtet.

Curio siehe C. Scribonius Curio.

Etruria (1, 5; 2, 6; 3, 19). Die heutige Toscana, Kriegsschauplatz im Kampf gegen Catilina bei den Städten Faesulae und Pistoria.

Q. Fabius Sanga stellt den Kontakt zwischen Cicero und den Gesandten der Allobroger her. Sein Name taucht erst in späteren Quellen auf. Als Nachfahre des Q. Fabius Maximus, der 121 die Allobroger unterworfen hatte, war er deren geborener Patronus.

Faesulae (3, 14). Das heutige Fiesole bei Florenz; Heerlager des Manlius. Adjektiv: Faesulanus.

Flaccus siehe Fulvius und Valerius.

C. Flaminius (Zusatztext zur zweiten Rede). Ein Mann dieses Namens war 67 kurulischer Ädil. Ob er mit Catilinas Gastgeber identisch ist, kann nicht erhärtet werden.

M. Fulvius Flaccus (1, 4. 29; 4, 13). 125 Konsul. Beantragt das Bürgerrecht für alle italischen Bundesgenossen; unterstützt als Volkstribun 122 C. Gracchus und wird zusammen mit seinen beiden Söhnen erschlagen. Großvater des L. Iulius Caesar.

P. Furius (3, 14). Von Sulla in Faesulae angesiedelter Catilinarier, am 5. Dezember in Abwesenheit zum Tode verurteilt.

P. (Cimber) Gabinius (3, 6. 12. 14; 4, 11, 13; Zusatz zur 4. Rede). Römischer Ritter, der für die Catilinarier mit den Allobrogern verhandelt; am 5. Dezember hingerichtet. Der Beiname ist nicht überzeugend zu erklären. Bei Sallust heißt er P. Gabinius Capito.

Galli (3, 8. 9. 11. 12. 22; 4, 13) als Variante für Allobroges gebraucht.

Gallicanae legiones (3, 5). Die drei in der Provinz Gallia Citerior stationierten Legionen.

Gallicus ager (2, 5. 6. 26). Das einst von den Galliern eroberte Gebiet an der Adria mit den Städten Ariminum (Rimini) und Pisaurum (Pesaro).

Gallicus tumultus (3, 4). Plötzlicher Aufruhr der oberitalischen Kelten.

Glabrio siehe M'. Acilius Glabrio.

Glaucia siehe Servilius.

Gracchus siehe Sempronius.

Hannibal (4, 21). Feldherr der Karthager im Zweiten Punischen Krieg, 202 bei Zama besiegt.

C. Iulius Caesar (4, 7. 9. 10). Popularer Politiker und Feldherr. Triumvirat mit Crassus und Pompeius im Jahre 60. Sieger im Bürgerkrieg gegen die Senatspartei. An den Iden des März 44 ermordet.

L. Iulius Caesar (4, 13; Zusatz zur 4. Rede). Mit dem Vorigen weitläufig verwandt. 64 Konsul. Anfang 63 *duumvir perduellionis* (vgl. die Einleitung VII). Stimmt für den Tod seines Schwagers, des Catilinariers Lentulus. Später Caesars Legat in Gallien. 43 von den Triumvirn Octavianus, Antonius und Lepidus geächtet, aber durch Einfluss seiner Schwester Iulia begnadigt.

D. Iunius Silanus (4, 7. 11; Zusatz zur 4. Rede). Stiefvater des Caesarmörders M. Brutus. Als *consul designatus* stimmt er für die Höchststrafe gegen die Catilinarier. 62 Konsul zusammen mit Murena.

M. Iunius Brutus (Zusatz zur 4. Rede). Freund Ciceros, im Jahr 44 zusammen mit Cassius und anderen Caesarmörder, 42 in der Schlacht bei Philippi gefallen.

Iuppiter Stator (1, 11. 33; 2, 12). Sein Tempel liegt an der *via sacra* östlich vom Forum am Fuß des Palatin (vgl.den Lageplan). Ort der Ersten Catilinarischen Rede Ciceros.

Iuppiter Optimus Maximus (3, 21; vgl. 3, 20. 22). Siehe Capitolium.

Lentulus siehe Cornelius.

Lepidus siehe Aemilius.

L. Licinius Murena (Zusatz zur 4. Rede). Kämpft als Legat gegen Mithridates. Vor Antritt seines Konsulats für das Jahr 62 wird er von Cato *de ambitu* angeklagt und von Cicero erfolgreich verteidigt.

M. Licinius Crassus Dives (Einleitung zum Text passim). Bereichert sich als Gefolgsmann Sullas bei dessen Proskriptionen. 73 Praetor. 72 wirft er in Ausübung eines *imperium proconsulare* den Sklavenaufstand unter Spartakus nieder und lässt an der via Appia 6000 Sklaven kreuzigen. 70 Konsul zusammen mit Pompeius, von dem er sich aber bald distanziert und Caesars politische Freundschaft sucht, die 60 zum Triumvirat führt, und das mit Pompeius als Drittem. 53 fällt Crassus in der Schlacht bei Carrhae gegen die Parther.

Luculli (Zusatz zur 4. Rede). L. Licinius Lucullus (117–56) führt von 74 bis 67 das Kommando gegen Mithridates. Sein Bruder M. Licinius Lucullus ist entschiedener Catilinagegner.

Q. Lutatius Catulus (3, 24; Zusatz zur 4. Rede). 78 Konsul. Bekämpft als Führer der Optimaten und Anhänger Sullas 77 den gegen Rom marschierenden M. Aemilius Lepidus (siehe dort). Tritt im Prozess 73 für den wegen Inzest angeklagten Catilina ein, wandte sich aber bald von ihm ab. Sein bleibendes Verdienst ist der Wiederaufbau des abgebrannten Tempels des Iuppiter Optimus Maximus, den er 69 weihte. Er tritt auf Ciceros Seite, beschuldigt Caesar der Unterstützung der Catilinarier und stimmt am 5. Dezember für die Hinrichtung der gefangenen Catilinarier.

Sp. Maelius (1, 3). Der Sage nach ein reicher Plebejer, der 439 die Verfassung stürzen wollte, um König zu werden, aber vom Patrizier C. Servilius Ahala getötet wurde.

C. Manlius (1, 7. 23. 24; 2, 16. 20). Anhänger Sullas, der durch dessen Proskriptionen reich wird, aber sein Vermögen wieder verspielt. Für Catilina sammelt er ein Herr in Etrurien (**Manliana castra:** 1, 10. 30); fällt 62 in der Schlacht bei Pistoria.

L. Manlius Torquatus (3, 19). 65 Konsul. Setzt sich zunächst für Catilina ein. Erhält für militärische Erfolge, die er 64 als Prokonsul in Makedonien erringt, auf Ciceros Antrag 63 den Titel eines Imperators.

Marcellus siehe Claudius.

C. Marius (1, 4; 3. 15. 24; 4, 21). Popularer Politiker und Heeresreformer; insgesamt sieben Mal Konsul. In den Jahren 102/101 Sieger über die Teutonen und Kimbern.

Massilia (2, 14. 16). Das heutige Marseille, eine um 600 von der griechischen Phokern gegründete Kolonie. Einwohner: **Massilienses.**

C. Memmius (4, 4). 111 Volkstribun, 104 Praetor. Bei den Konsulatswahlen für 99 ermordet. Vgl. L. Appuleius Saturninus.

Metellus siehe Caecilius.

Minucius (2, 4). Sonst unbekannter Catilinaanhänger.

Milvius pons (3, 5. 6). Tiberbrücke im Norden Roms, über die die via Flaminia nach Etrurien führt.

Murena siehe L. Licinius Murena

Nigidius Figulus (Zusatz zur 4. Rede). Gelehrter, der als Senator Cicero unterstützt.

Cn. Octavius (3, 24). 87 Konsul. Als Führer der Optimaten lässt er seinen Kollegen Cinna absetzen und wird, als dieser zusammen mit Marius zurückkehrt, ermordet.

L. Opimius (1, 4). Kämpft 121 als Konsul C. Gracchus nieder.

Paullus siehe Aemilius.

Penates (4, 18). Neben dem Herd verehrte Hausgötter. Sie werden aber auch als *di Penates publici populi Romani Quiritium* verehrt.

Perses (4, 21). Perseus, 181–168 König von Makedonien, wurde 168 bei Pydna von Aemilius Paullus besiegt.

Picenus ager (2, 5. 6. 26). Landschaft in Mittelitalien mit den Städten Ancona und Firmum (Fermo).

C. Piso siehe Calpurnius.

Cn. Pompeius Magnus (4, 21; in der Form der Periphrase 2, 11 und 3, 26). Bis er 48 bei Pharsalus Caesar unterlag, Roms bedeutendster Feldherr. Als solcher wegen seiner Erfolge gegen Sertorius, die Seeräuber und Mithridates von Cicero besonders geachtet. Latente Spannungen mit Cicero, als dieser die Forderung des Pompeius, seine vom Krieg gegen Mithridates heimgekehrten Veteranen mit einer Parzelle auszustatten, nicht unterstützt.

C. Pomptinus (3, 5. 6. 14). 63 Praetor; schlägt 61 als Propraetor in Gallia Narbonensis (62–59) einen Aufstand der Allobroger nieder. Dient 51 als Ciceros Legat in Kilikien.

M. Porcius Cato (Zusatz zur 4. Rede). Urenkel des legendären Cato Censorius, entschiedener Republikaner, begeht als konsequenter Stoiker, um nicht von Caesars Gnaden leben zu müssen, nach der Niederlage bei Utica 46 Selbstmord.

M. Porcius Laeca (1, 8. 9; 2, 13). Senator, der als Mitverschworener 62 verurteilt wird.

Praeneste (1, 8). Stadt in Latium (heute Palestrina), in der Sulla Veteranen angesiedelt hatte. Die Besetzung der Stadt misslingt Catilina am 1. November 63.

Publicius (2, 4). Sonst unbekannter Anhänger Catilinas.

Quirites (2, 1 ff.). Anrede der römischen Bürger in der Volksversammlung.

Reatina praefectura (3, 5). Eine Landgemeinde war entweder *municipium, colonia* oder *praefectura*. In Reate (heute Rieti) im Sabinergebiet hat ein *praefectus iure dicundo* statt eines *praetor urbanus* die Gerichtsbarkeit inne.

Romulus (1, 33; 3, 19; in der Form der Periphrase 3, 2). Gründer Roms, der den Tempel des Iuppiter Stator errichtete. Vergöttlicht unter dem Namen Quirinus.

Saturnalia (3, 10. 17). Mehrtägiges, am 17. Dezember beginnendes Fest zu Ehren des Gottes Saturn (griechisch: Kronos). Da Saturn ebenso wie Kronos einst mit den Armen und Schwachen sympathisierte, vertauschen beim Fest zu ihren Ehren die Herren und die Sklaven ihre Rollen.

Saturninus siehe Appuleius.

Scipio siehe Cornelius.

C. Scribonius Curio (Zusatz zur 4. Rede). Ein 53 verstorbener entschiedener Gegner Caesars. Sein gleichnamiger Sohn ist dagegen Anhänger Caesars, weil dieser seine Schulden übernommen hat, und zugleich wichtiger Gesprächspartner für Cicero. Im Bürgerkrieg ist der Sohn 49 im Kampf auf Caesars Seiten gefallen.

Sempronia lex (4, 10). Als von C. Gracchus 123 erwirktes Plescit erneuert es ein älteres Gesetz, das die Hinrichtung eines römischen Bürgers bei einhergehender Auspeitschung ohne Zustimmung der Volksversammlung untersagt.

C. Sempronius Gracchus (1, 4. 29; 4, 4. 13). Setzt als Volkstribun vergebens die populare Politik seines 133 ermordeten älteren Bruders Ti. Gracchus fort und wird 121 von seinen Gegnern erschlagen.

L. Sergius Catilina, der Kopf der Verschwörung, den die Einleitung zum Text ausführlich vorstellt.

C. Servilius Ahala (1, 3). Siehe Sp. Maelius.

C. Servilius Glaucia (1, 4; 3, 15). Bewirbt sich im Jahr 100 als Praetor für das Konsulat 99. Mit Saturninus verantwortlich für die Ermordung des Memmius, wird er am 10. Dezember 100 ebenfalls ermordet.

P. Servilius Rullus (Einleitung zum Text VI, Zusatz zur 4. Rede). Das von ihm ausgearbeitete neue Agrargesetz wird von Cicero gleich am ersten Tag seiner Amtszeit erfolgreich zurückgewiesen.

P. Sestius (1, 21). Als Quaestor 63 Antonius Hybrida, dem Kollegen Ciceros, zugeordnet. Vertritt als Volkstribun 57 Ciceros Ansprüche nach dessen Rückkehr aus dem Exil. Von Clodius *de ambitu* und *de vi* angeklagt, wird er von Cicero erfolgreich verteidigt.

Sibyllina fata (3, 9. 11). Griechisch abgefasste Orakelsprüche, die die Römer vor großen Unternehmungen und bei Sühnemaßnahmen auf Anordnung des Senats konsultieren. Bei seiner Verhandlung mit den Allobrogern beruft sich Lentulus auf ein *fatum Sibyllinum*, das ihm nach Cinna und Sulla als drittem Cornelier die Herrschaft über Rom prophezeie.

Silanus siehe Iunius.

L. Statilius (3, 6. 9. 10. 14; Zusatz zur 4. Rede). Mitverschwörer aus dem Ritterstand, der zusammen mit P. Gabinius Rom in Brand stecken soll. Am 5. Dezember hingerichtet.

Sulla siehe Cornelius.

C. Sulpicius (3, 8). 63 Praetor. Sonst unbekannt.

P. Sulpicius Rufus (3, 24). Gegen den Einspruch Sullas tritt er als Volkstribun 88 für die Gleichberechtigung der Bundesgenossen ein, sorgt dafür, dass der Oberbefehl gegen Mithridates Sulla entzogen und Marius übergeben wird. Bei der darauf erfolgenden Eroberung Roms durch Sulla wird er geächtet und auf der Flucht bei Laurentum getötet

Tiberis (3, 5). Der Tiber, über den die Milvische Brücke führt.

Tongilius (2, 4). Sonst unbekannter Anhänger Catilinas.

Torquatus siehe Manlius.

Transalpinum bellum (3, 4). Jenseits der Alpen geführter Krieg.

M. Tullius Cicero (1, 27). Konsul 63, der in der Einleitung zum Text ausführlich vorgestellt wird.

Tullus siehe Volcacius.

P. Umbrenus (3, 14). Ein Freigelassener, der im Auftrag des P. Cornelius Lentulus Sura mit den Allobrogern verhandelt. Am 5. Dezember in Abwesenheit zum Tode verurteilt.

L. Valerius Flaccus (1, 4). 100 Konsul zusammen mit Marius. 82 beantragt er Sullas Ernennung zum *dictator* und wird sein *magister equitum.*

L. Valerius Flaccus (3, 5. 6. 14). Sohn der Vorigen. Unterstützt als Praetor des Jahres 63 Cicero mit seinem Einsatz an der Milvischen Brücke. In einem Repetundenprozess 59 von Cicero erfolgreich verteidigt.

Vesta (4, 18). Göttin des Herdfeuers; hier ist die Vesta publica gemeint.

Vestales (4, 2. 12). Sechs Jungfrauen aus vornehmem Geschlecht, die unter Leitung der *virgo Vestalis maxima* das heilige Feuer im Rundtempel der Vesta auf dem Forum hüten. Sie werden bereits im Kindesalter für dieses Amt bestimmt und müssen es unter Verpflichtung zur Jungfräulichkeit mindestens dreißig Jahre ausüben.

L. Volcacius Tullus (1, 15; Zusatz zur 4. Rede). Unterbindet 66 als Konsul die Bewerbung Catilinas um das Konsulat für 65.

T. Volturcius (3, 4. 6. 8. 11. 12; 4, 5). Anhänger Catilinas, der zusammen mit den Gesandten der Allobrogen auf der Milvischen Brücke abgefangen wird. Für die Aushändigung des von Lentulus an Catilina gerichteten Briefes wird er begnadigt und hoch belohnt.

Der Lageplan

Der Lageplan ist nach dem Vorbild des archäologischen Romführers von P. Coarelli (Freiburg, Basel, Wien 1974, Seite 50 f.) umgearbeitet. Mehrere Tempel und Triumphbögen aus der Zeit nach Cicero sind der besseren Orientierung halber bewusst mitaufgenommen, da sie der heutige Besucher in teilweise noch ausgezeichnetem Erhaltungszustand antrifft.

Die **porticus Deorum Consentium** (1), die Säulenhalle der ratgebenden Götter, war den Zwölfgöttern von Jupiter bis Venus geweiht. Oberhalb der porticus lag auf dem Capitolium der Tempel des Iuppiter Optimus Maximus. An der Westseite des Tempels des Vespasian und Titus (2) erhebt sich das heute noch optisch beherrschende **Tabularium,** das Staatsarchiv. In der **aedes Saturni** wachen die Quaestoren über den Staatsschatz. Die **aedes Concordiae,** ein Podiumtempel, gemahnt an die concordia ordinum. Die quadratische Einfriedung des **Lapis Niger** (3) gilt als Grab des Romulus. Westlich vor dem Lapis Niger steht der Triumphbogen des Septimius Severus.

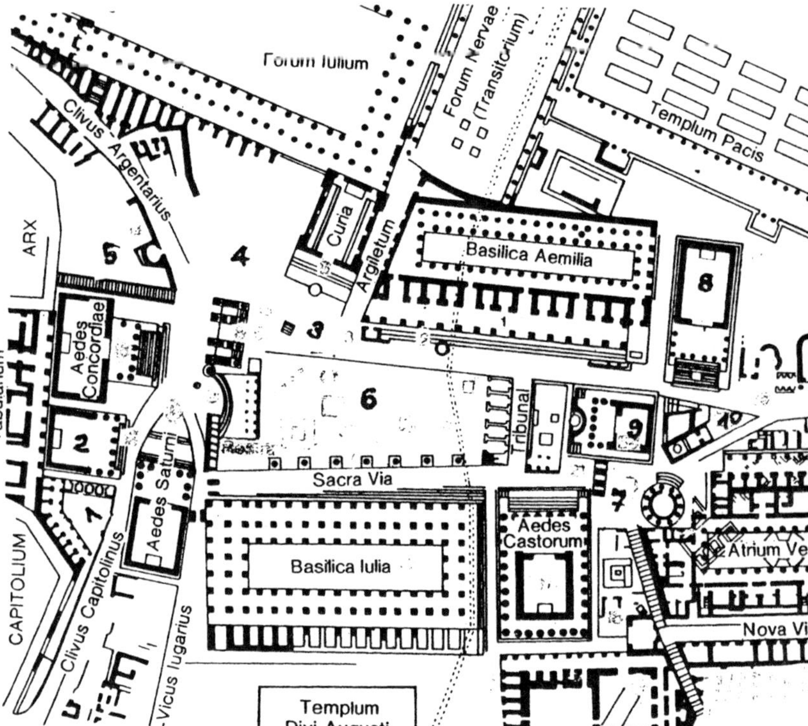
Forum Iulium
Forum Nervae
(Transitorium)
Templum Pacis
Clivus Argentarius
ARX
Curia
Argiletum
Basilica Aemilia
5
4
3
8
Tabularium
Aedes Concordiae
6
2
Tribunal
9
10
Aedes Saturni
Sacra Via
1
7
Aedes Castorum
Atrium Ve
CAPITOLIUM
Clivus Capitolinus
Basilica Iulia
Vicus Iugarius
Nova Vi
Templum
Divi Augusti

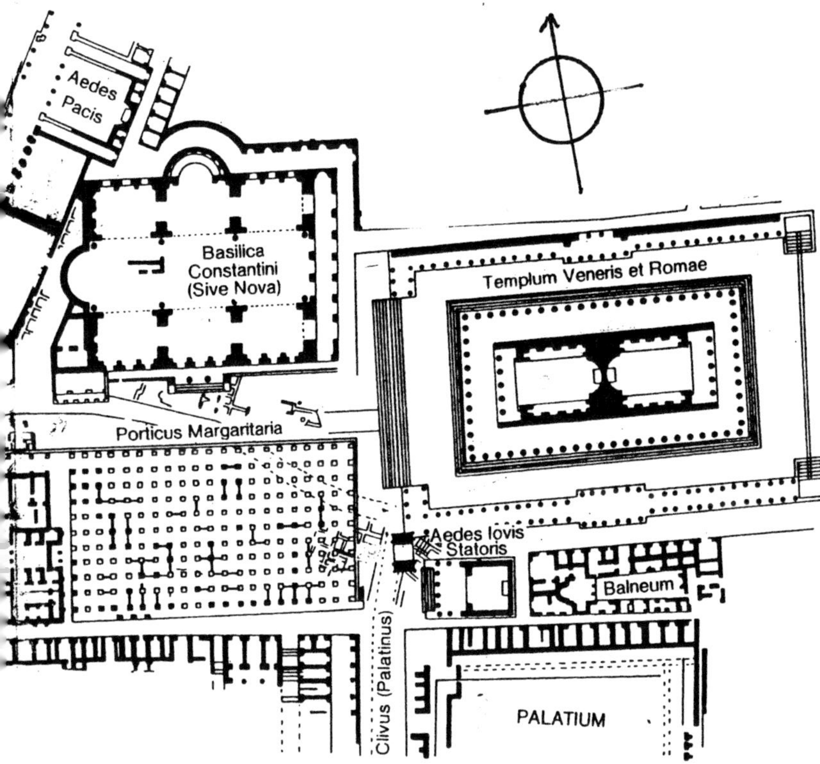
Aedes Pacis
Basilica Constantini (Sive Nova)
Templum Veneris et Romae
Porticus Margaritaria
Aedes Iovis Statoris
Balneum
Clivus (Palatinus)
PALATIUM

Nördlich vom Lapis Niger liegt die **Curia Hostila,** ein Tullus Hostilius, Roms drittem König, zugeschriebener Bau, in dem gewöhnlich die Senatssitzungen stattfanden. Zwischen dem Lapis Niger und der Curia befanden sich die **Rostra Vetera,** die mit Beuteschiffsschnäbeln (rostra, -orum) geschmückte Rednerbühne, von der aus Cicero sich an das auf dem **Comitium** (4) versammelte Volk gewendet hat.

Für den **Carcer Mamertinus** oder das **Tullianum** (5) sei auf den Text zum Umschlagbild verwiesen. Unter dem **Forum** (6) verlief die durch eine gestrichelte Linie markierte **cloaca maxima.** An der Südseite des Forum sind Sockel für Ehrenstatuen erhalten; an der Westseite liegen die unter Augustus erricheten Rostra Iulia. Im **Rundtempel der Vesta** (7) wachten die Vestalinnen über das Herdfeuer des Staates. Im Untergeschoss des Tempels wurde das Palladium aufbewahrt, das schützende Kultbild der Pallas Athena, das Aeneas aus Troia gerettet hatte. An der Westseite vor dem Rundtempel befand sich der Triumphbogen des Augustus.

Zwischen dem Vestatempel und dem späteren **Tempel des Antoninus Pius und der Faustina** (8) lag die auf dreieckigem Areal angelegte **Regia** (10), der “Königssitz”, der in republikanischer Zeit dem Pontifex Maximus als Amtsgebäude diente. Zwischen Regia und Forum lag der **Caesartempel** (9), an dessen Vorderseite Caesars Leiche verbrannt wurde; ebenda hatte auch Antonius Caesars Testament verlesen. Unmittelbar westlich vor der **aedes Iovis Statoris** erhebt sich der Triumphbogen des Titus.

Zeittafel

133 Ermordung des Volkstribunen Ti. Sempronius Gracchus.

121 Ermordung des Volkstribunen C. Sempronius Gracchus nach erstmaligem *senatus consultum ultimum.* Seine Anhänger wurden auf Anordnung des Konsuls Opimius hingerichtet.

120 Freispruch für Opimius von der Anklage wegen Tötung römischer Bürger ohne Volksbeschluss.

108 Catilina geboren.

106 Cicero geboren.

102 Marius besiegt die Teutonen bei Aquae Sextiae.

101 Marius besiegt die Kimbern bei Vercellae.

100 Caesar geboren. Ermordung des Volkstribunen Saturninus nach *senatus consilium ultimum.*

91 Volkstribun M. Livius Drusus ermordet.

91-88 Bundesgenossenkrieg.

87 Landung Sullas in Griechenland zum Kampf gegen Mithridates. Cinnas Revolte und Ermordung der Anhänger Sullas. Cinna bleibt Konsul bis zu seiner Ermordung 84.

83 Sulla landet in Italien und besiegt die Anhänger des Popularen Marius. Catilina kämpft auf Seiten Sullas.

82 Catilina beteiligt sich an Sullas Proskriptionen gegen die Popularen und ermordet u. a. M. Marius Gratidianus.

78 Tod Sullas.

75 Cicero Quaestor in Sizilien.

73 Catilina wird im Prozess wegen Verführung der Vestalin Fabia freigesprochen.

73-71 Der Sklavenaufstand unter Spartacus wird von Crassus niedergeschlagen.

70 Konsulat des Crassus und Pompeius. Wiederherstellung der von Sulla teils suspendierten tribunizischen Gewalt. Cicero als Ankläger des Verres.
69 Cicero kurulischer Aedil.
68 Catilina Praetor.
67 Catilina als Propraetor in Africa. Übertragung des Kommandos für den Seeräuberkrieg an Pompeius aufgrund der lex Gabinia.
66 Catilina wegen schwebenden Repetundenverfahrens von der Bewerbung zum Konsulat ausgeschlossen. Übertragung des Kommandos im Krieg gegen Mithridates an Pompeius aufgrund der lex Manilia, die Cicero als Praetor urbanus („De imperio Cn. Pompei") unterstützt.
65 Scheitern eines Aufstandes, an dem Catilina zumindest beteiligt war. Crassus scheitert bei seinem Versuch, ein Kommando für den Anschluss Ägyptens an das Reich zu erhalten. Catilina im Repetundenprozess freigesprochen.
64 Catilina scheitert bei seiner Bewerbung um das Konsulat. Ciceros Rede „*In toga candida*".
63 Ciceros Konsulatsjahr beginnt mit der Zurückweisung des Volkstribunen Rullus („*De lege agraria*") und der Verteidigung des Rabirius, der angeklagt war, weil er ein *senatus consultum ultimum* missbraucht habe. Catilina scheitert erneut bei der Bewerbung um das Konsulat. Am 21. Oktober erfolgt ein *senatus consultum ultimum* nach Ciceros Warnung vor dem Feldlager der Catilinarier in Etrurien unter Manlius. Danach Anklage gegen Catilina aufgrund der *lex Plautia de vi*. Am 28. Oktober scheitert Catilinas Plan der Ermordung der Optimaten. Am 7. November hält Cicero im Senat die Erste Catilinarische Rede, nachdem das in der Nacht zuvor gegen ihn geplante Attentat gescheitert war. Catilina verlässt

Rom. In der Zweiten Catilinarischen Rede am 8. November unterrichtet Cicero das Volk. In den Tagen danach wird Catilina zum *hostis* erklärt. Spät am 3. Dezember berichtet Cicero mit der Dritten Catilinarischen Rede dem Volk, wie er die in Rom gebliebenen Häupter der Verschwörung am Vormittag im Senat überführt habe. Am 5. Dezember hält Cicero seine Vierte Catilinarische Rede in einer Senatssitzung, die die Hinrichtung der gefangenen Catilinarier beschließt.

62 Die Catilinarier werden zu Jahresbeginn bei Pistoria besiegt und aufgerieben. Clodius begeht den Frevel, in das allein Frauen vorbehaltene Kultfest der Bona Dea einzudringen. Nach seinem Sieg über Mithridates landet Pompeius in Brundisium und entlässt dort sein Heer.

61 Clodius im Prozess wegen seines Kultfrevels freigesprochen. Pompeius erhält einen Triumph, kann aber die Versorgung seiner Veteranen mit einer Parzelle noch nicht durchsetzen.

60 Caesar kehrt aus Spanien nach seinem Jahr als Propraetor zurück. Erstes Triumvirat zwischen Caesar, Pompeius und Crassus.

59 Caesar setzt als Konsul mit der *lex Iulia* die Forderungen des Pompeius durch.

58 Clodius setzt Cicero, weil er die Catilinarier ohne Volksbeschluss habe hinrichten lassen, unter Druck und nötigt ihn zum freiwilligen Exil.

57 Triumphale Rückkehr Ciceros aus dem Exil.

53 Crassus fällt in der gegen die Parther verlorenen Schlacht bei Carrhae.

52 Clodius von der Bande Milos, den Cicero später verteidigte, ermordet.

51 Cicero ist Statthalter in Kilikien.

49 Mit der Überschreitung des Rubikon beginnt der Bürgerkrieg zwischen den Popularen unter Caesar und den Optimaten unter Pompeius. Cicero reist nach langem Zögern im Juni in das Lager des Pompeius in Thessaloniki.

48 Pompeius flieht nach seiner Niederlage in der entscheidenden Schlacht bei Pharsalos nach Ägypten und wird dort ermordet.

47 Caesar begnadigt Cicero.

44 Ermordung Caesars, M. Antonius ist neuer Machtinhaber.

44/43 Als Sprecher der Optimaten hält Cicero seine „Philippischen Reden" gegen M. Antonius.

43 Zweites Triumvirat zwischen Oktavian (später Kaiser Augustus), M. Antonius und M. Aemilius Lepidus. Cicero wird von den Häschern des Antonius ermordet.

Literaturverzeichnis

Textausgaben:

Müller, C. W. F.: M. Tulli Ciceronis scripta quae remanserunt omnia, II 2, Leipzig 1896.

Ders.: M. Tullii Ciceronis orationes in L. Catilinam quattuor, pro Murena: editio sterotypa, Leipzig 1908 ff.

Clark, A. C.: M. Tulli Ciceronis Orationes, II 1, Erstausgabe Oxford 1905.

Klotz, A.: M. Tulli Ciceronis scripta quae manserunt omnia, Volumen VI, Leipzig 1924.

Maslowski, T.: M. Tullius Cicero. Scripta quae manserunt omnia. Fasc. 17: Orationes in L. Catilinam quattuor, München und Leipzig 2003.

Kommentierte Ausgaben:

Upcott, E. A.: Cicero. Speeches against Catilina, Oxford (3) 1887.

Halm, K.: Ciceros ausgewählte Reden, 3. Band, Berlin 1900.

Haury, A.: Cicero, Catilinaires: édition, introduction, et commentaire, Paris 1969.

MacKendrick, P.: The Speeches of Cicero. Context, Law, Rhetoric, Trowbridge 1996.

Dyck, A. R.: Cicero, Catilinarians, Cambridge 2008.

Pohlke, A.: Marcus Tullius Cicero. In Catilinam, Stuttgart 2011.

Übersetzungen:

Woyte, C.: Cicero. Vier Reden gegen Catilina. Stuttgart 1961.

Fuhrmann, M.: M. Tullius Cicero. Ausgewählte Werke, Band III: Politische Reden, Darmstadt/Düsseldorf 2008.

Klose, D.: Marcus Tullius Cicero. Vier Reden gegen Catilina (zweisprachig), Stuttgart 2011.

Auslegungsliteratur:

Albrecht, M. v.: M. Tullius Cicero. Sprache und Stil, in: RE Suppl. 13 (1973) Sp. 1237–1347.

Badian, E.: Lucius Sulla. The Deadly Reformer, Sydney 1970.

Benner, H.: Die Politik des P. Clodius Pulcher, Stuttgart 1987.

Bernett, M.: Causarum cognitio. Ciceros Analysen zur politischen Krise der späten römischen Republik. Palingenesia 51, Stuttgart 1995.

Bleicken, J.: Die Verfassung der römischen Republik, Paderborn 1982; (7) Paderborn/München/Wien/Zürich 1995.

Bringmann, K.: Sallusts Umgang mit der historischen Wahrheit in seiner Darstellung der Catilinarischen Verschwörung, in: Philologus 116 (1972) 98–113.

Buchheit, V.: Ciceros Triumph des Geistes, in: Gymnasium 76 (1969) 232–253; ferner in: Kytzler, B. (Hrsg.): Ciceros literarische Leistung, Wege der Forschung, Band CCXL, Darmstadt 1973, Seite 489–514.

Burckhardt, L. A.: Politische Strategien der Optimaten in der späten römischen Republik. Historia Einzelschriften 57, Stuttgart 1988

Butrica, J. L.: Clodius the *pulcher* in Catullus and Cicero, in: The Classical Quarterly N. S. 52 (2002) 507–516.

Cadoux, T. J.: Catiline and the Vestal Virgins, in: Historia 54 (2005) 162–179.

Canfora, L.: Caesar, der demokratische Diktator. Eine Biographie, München 1999.

Cape, R. W.: The rhetoric of politics in Cicero's Fourth Catilinarian, in: American Journal of Philology 116 (1995) 255–277.

Christ, K.: Krise und Untergang der römischen Republik, Darmstadt 1979, (4) 2000.

Classen, C. J.: Recht – Rhetorik – Politik. Untersuchungen zu Ciceros rhetorischer Strategie, Darmstadt 1985; hier Seite 304–367 das Kapitel über Ciceros Reden *de lege agraria*.

Crane, Th.: Times of the night in Cicero's First Catilinarian, in: The Classical Journal 61 (1965) 264–267.

Crawford, M.: The Roman Republic, London 1979.

Dahlmann, H.: Cicero, Caesar und der Untergang der libera res publica, in: Gymnasium 75 (1968) 337–355.

Drexler, H.: Die Catilinarische Verschwörung. Ein Quellenheft. Texte zur Forschung, Bd. 25, Darmstadt 1976.

Ferency, E.: Caesar und die Popularen, in: Klio 1973 (1991) 413–419.

Fredriksen, M. W.: Caesar, Cicero, and the problem of debt, in: The Journal of Roman Studies 56 (1966) 128–141.
Fuchs, H.: Eine Doppelfassung in Ciceros Catilinarischen Reden, in: Hermes 87 (1959) 463–469.
Fuhrmann, M.: Cicero und die römische Republik, München 1991.
Ders.: Die antike Rhetorik. Eine Einführung, München/Zürich 1990.
Gelzer, M.: Sergius Catilina, in: RE II A 2 (1923) Sp. 1693–1711.
Ders.: Licinius Crassus Dives, in: RE XII 1 (1926) Sp. 295–331.
Ders.: M. Tullius Cicero, der Redner (als Politiker), in: RE Suppl. VII A 1 (1939) Sp. 827–1091.
Ders. : Cicero. Ein biographischer Versuch, Wiesbaden 1969.
Grasmück, E. L.: Exilium. Untersuchungen zur Verbannung in der Antike, Paderborn 1978.
Greenidge, A. H. J.: The Legal Procedure of Cicero's Time, London 1971.
Habicht, Ch.: Cicero der Politiker, München 1990.
Hoffmann, W.: Catilina und die römische Revolution, in: Gymnasium 66 (1959) 459–477.
John, C.: Die Entstehungsgeschichte der Catilinarischen Verschwörung. Ein Beitrag zur Kritik des Sallustius, in: Jahrbücher für classische Philologie, Suppl. 8, Leipzig 1875/76.
Ders.: Sallustius über Catilinas Candidatur im Jahre 688, in: Rheinisches Museum 31 (1876) 401–431.
Ders.: Der Tag der ersten Rede Ciceros gegen Catilina, in: Philologus 46 (1888) 650–665.
Kaplan, A.: Catiline. The Man and His Role in the Roman Revolution, New York 1968.
Kroll, W.: Rhetorik, in: RE Suppl. VII (1940) Sp. 1039–1138.
Kühnert, B.: Populus Romanus und sentina urbis: zur Terminologie der plebs urbana der späten Republik bei Cicero, in: Klio 71 (1989) 432–441.
Laser, G.: Cicero und Catilina – homo novus versus nobilitas. Szenische Interpretationen am Beispiel von Ciceros Erster Catilinarischer Rede, in: AU 52 (4/2009) 28–35.
Lehmann, G. A.: Politische Reformvorschläge in der Krise der späten römischen Republik, Meisenheim 1980.

Levene, D. S.: Sallust's Catiline and Cato the Censor, in: The Classical Quarterly N. S. 50 (2000) 170–191.

Lintott, A. W.: The Constitution of the Roman Republic, Oxford 1999.

Ders.: Violence in Republican Rome, Oxford 1968/1999

Marshall, B. A.: Cicero and Sallust on Crassus and Catiline, in: Latomus 33 (1974) 804–813.

Mayer, K.: Cicero. Cat. I 5, in: Gymnasium 96 (1989) 110–112

McDermott, W. C.: Cicero's publication of his consular orations, in: Philologus 116 (1972) 277–284.

Meier, Ch.: Res publica amissa. Eine Studie zur Verfassung und Geschichte der späten römischen Republik, Frankfurt a. M. (3) 1997.

Mendner, S.: Videant consules, in: Philologus 110 (1966) 258–267.

Mitchell, T. N.: Cicero and the senatus consultum ultimum, in: Historia 20 (1971) 47–61.

Mommsen, Th.: Zu Sallustius, in: Hermes 1 (1866) 427–437.

Ders.: Der Parteienkampf während Pompeius Abwesenheit, in: Ders.: Römische Geschichte, 3. Band, Seite 165–197, Berlin 1882.

Ders.: Römisches Staatsrecht, repr. Graz 1952.

Nicholson, J. H.: Cicero's Return from Exil. The Orations post reditum, New York 1992.

Niemann, K.-H.: Rhetorische Strategien. Entdeckendes Lernen an kurzen lateinischen Texten (u. a. Cicero, in Catilinam 1, 1–6; 1, 27–33), in: AU 48, Hefte 2 und 3, 2005.

Ooteghem, J.: Eine unbefangene Lektüre der Rede „pro Rabirio", in: B. Kytzler (Hrsg.): Ciceros literarische Leistung. Wege der Forschung 240, Seite 327–344, Darmstadt 1973.

Phillips, E. J.: Catiline's conspiracy, in: Historia 25 (1976) 441–448.

Plaumann, J. C.: Das sogenannte consultum ultimum, die Quasidiktatur der späten römischen Republik, in: Klio 13 (1913) 321–386.

Potter, F. H.: The date of Cicero's first oration against Catiline, in: Classical Journal 21 (1925) 164–176.

Primmer, A.: Historisches und Oratorisches zur ersten Catilinaria, in: Gymnasium 84 (1977) 18–38.

Rabe, A.: Die Senatssitzung am 8. November des Jahres 63 v. Chr. und die Entstehung der ersten Catilinarischen Rede Ciceros, in: Klio 23 (1930) 74–87.

Rawson, B.: The politics of friendship: Pompey and Cicero, Sydney 1978.

Sage, E. T.: Cicero and the Agrarian Proposals of 63 BC, in: Classical Journal 16 (1920) 230–236.

Salmon, E. T.: Catilina, Crassus and Caesar, in: American Journal of Philology 56 (1935) 302–316.

Schatzman, J.: The Roman general's authority over booty, in: Historia 21 /(1972) 177–205.

Schneider, H.-C.: Das Problem der Veteranenversorgung der späteren römischen Republik, Bonn 1977.

Schwartz, E.: Die Berichte über die Catilinarische Verschwörung, in: Hermes 32 (1897) 554–608.

Seager, R.: The First Catilinarian Conspiracy, in: Historia 13 (1964) 338–347.

Ders.: Iusta Catilinae, in: Historia 22 (1973) 240–248.

Smith, R. E.: Cicero the Statesman, Cambridge 1966.

Stern, von E.: Catilina und die Parteikämpfe im Rom der Jahre 66–63, Dorpat 1883.

Strasburger, H.: Concordia ordinum. Eine Untersuchung zur Politik Ciceros, Borna/Leipzig 1931, repr. Amsterdam 1956.

Sydow, R.: Kritische Beiträge zu Ciceros Reden, in: Philologus 92 (1937/38) 223–238.

Syme, R.: The Roman Revolution, Oxford 1939, repr.1960 und 2002. Deusch: Die römische Revolution, Stuttgart 1957; revidierte Ausgabe: Die römische Revolution. Machtkämpfe im antiken Rom, Stuttgart 2003.

Taylor, L. R.: Party Politics in the Age of Caesar, Berkeley /Los Angeles 1949.

Thommen, L.: Das Volkstribunat der späten Römischen Republik, Stuttgart 1989.

Tyrell, W. B.: The Trial of C. Rabirius in 63 BC, in: Latomus 32 (1973) 285–300.

Vasaly, A.: Ars dispositionis: Cicero's Second Agrarian Speech, in: Hermes 116 (1988) 409–427.

Vester, H.: Eine oft gelesene, aber auch manchmal missverstandene Cicerostelle (Cat. 1, 5), in: Gymnasium 95 (1988) 17–20. Dazu zwei Antworten von K. Anliker und K. Mayer in: Gymnasium 96 (1989) 110–112.

Vogt, J.: Cicero und Sallust über die Catilinarische Verschwörung, Frankfurt 1938, repr. 1973.

Volkmann, H.: Sullas Marsch auf Rom. Der Verfall der römischen Republik, München 1958.

Ward, A. M.: Cicero's Fight against Crassus and Caesar in 65 and 63 BC, in: Historia 21 (1972) 244–258.

Waters, K. H.: Cicero, Sallust and Catiline, in: Historia 19 (1970) 195–215.

Weische, A.: Studien zur politischen Sprache der römischen Republik, Münster 1966.

Ders.: Ciceros Nachahmung der attischen Redner, Heidelberg 1972.

Wirz, H.: Catilinas und Ciceros Bewerbung um das Consulat für das Jahr 63, Zürich 1864.

Yavetz, Z.: The Failure of Catiline's Conspiracy, in: Historia 12 (1963) 485–499.